U0079133

貴人

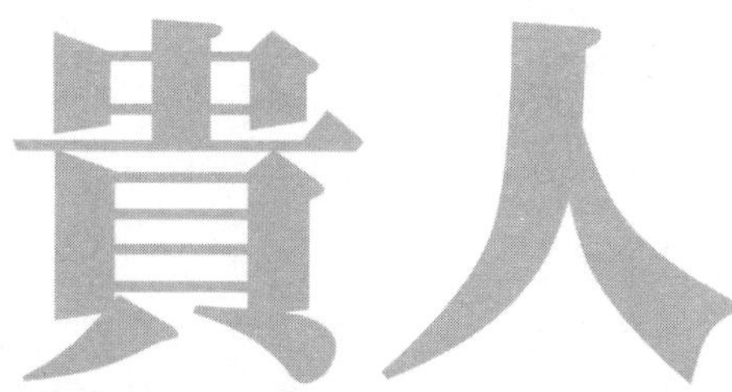

A benefactor is probably not nice

不一定是好人

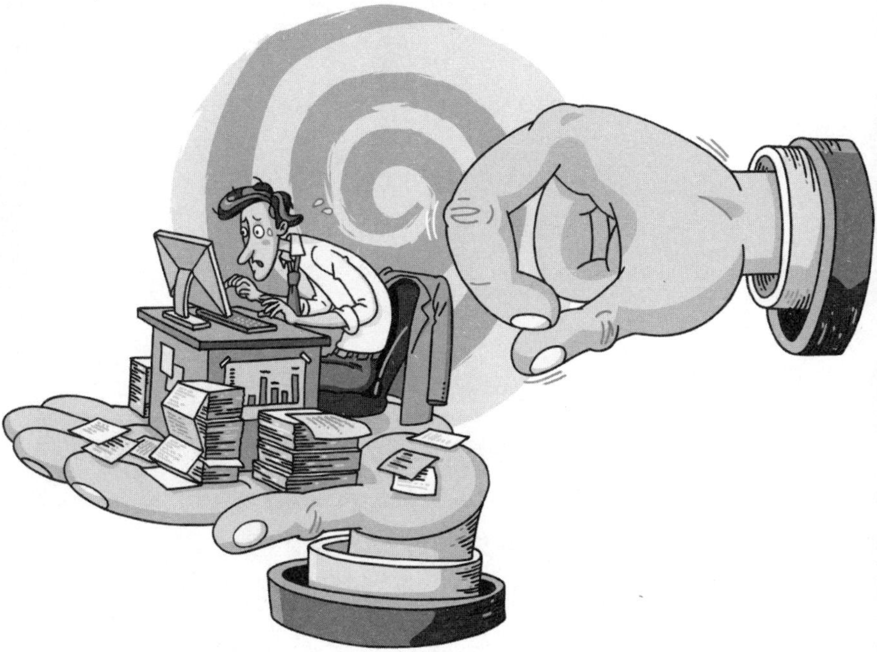

人生視野：48

貴人不一定是好人

編著　何彥慶
出版者　大拓文化事業有限公司
執行編輯　廖美秀
美術編輯　林家維

總經銷　永續圖書有限公司
劃撥帳號　18669219
地址　22103　新北市汐止區大同路三段一九四號九樓之一
TEL　(〇二)八六四七—三六六三
FAX　(〇二)八六四七—三六六〇
E-mail　yungjiuh@ms45.hinet.net
網址　www.foreverbooks.com.tw

CVS代理　美璟文化有限公司
TEL　(〇二)二七二三—九九六八
FAX　(〇二)二七二三—九六六八

法律顧問　方圓法律事務所　涂成樞律師

出版日◇二〇一五年二月

國家圖書館出版品預行編目資料

貴人不一定是好人 / 何彥慶編著.
-- 初版. -- 新北市 : 大拓文化, 民104.02
面 ;　公分. -- (人生視野系列 ; 48)
ISBN 978-986-5886-97-4(平裝)
1. 人際關係
177.3　　103026638

你早該知道：貴人不一定是好人

明擺著的道理，你為什麼偏偏想不到？

有些人太過天真，他們相信「朋友如手足」，相信「以心交心」；可是卻忽略了人性中自私的一面，結果受到了意料外的傷害。社會上被朋友坑騙，被熟人欺瞞的例子還不夠多嗎？

一些人太過勢利，他們對衣著光鮮的人多看一眼，對普通的人就少瞧幾分；看自己是聰明過人，別人個個好矇好騙……但是這些人也常常看走眼，結果不是錯失良機就是自討沒趣；還有一些人太過迂腐，他們總希望找個貴人幫自己，但和貴人面對面時卻又相見不相識。

因為他們認定貴人必是慈祥的長者……然而貴人卻未必是好人，貴人也未必一定是長者；結果，他們失去了很多飛黃騰達的機會。

你早該知道：貴人不一定是好人

貴人都是些什麼人呢？上司、親戚、朋友？未必！貴人也可能是素不相識的陌生人，是專門找你麻煩的人，甚至可能是對你心懷敵意的人。不要以為貴人一定是好人，很多時候好人成不了貴人。

●◎用「興趣點」打動難纏的人／032

貴人並不一定是一開始就對你表現出和藹、親切的那個人，他們可能對你很冷漠，甚至故意刁難你。但只要你用對了方法，他們就可能成為幫助你的貴人。

●◎貴人可能是故意折磨你的人／037

生活中有很多事情，你不能單從表面去理解。比如有的人可能對你很刻薄，但他不一定是在害你；有的人故意刁難你，但也許是為了鍛鍊你的意志。

●◎有的「貴人」也會對你別有企圖／041

不要以為用一副悲天憫人的面孔來幫助你的就是你的貴人，你應該保持清醒的頭腦，看清楚他的真實用意。

你早該知道：不是什麼人都按牌理出牌

在複雜的現實生活中，做人做事不能總按著自己的想法走，因為不是所有的人都會按照牌理出牌，所以如果你一味老實認真，有時不但無濟於事，甚至還會吃大虧。所以你必須學會根據各種客觀情況制訂策略，因事而變，不要死守一法。

◎要想成功，先學會忍／064

忍是理智的抉擇，是成熟的表現，更是應對無理之人的不二法門。有一個重要條件，就是眼光要放得遠，為長遠打算，忍一時之痛，這樣就可以換得風平浪靜、海闊天空。

●◎**別掉進讚美的陷阱／084**

言不由衷的誇大讚美，是許多喜歡奉承的人慣用的方式。過度讚美別人會損害我們的人格，不加選擇地接受讚美會給我們帶來無法彌補的嚴重後果。所以給人合適的讚美和懂得聆聽真心的讚美對每個人來說都是非常重要的。

●◎**感謝踢你一腳的那個人／090**

一無所有時，也就沒有了選擇的猶豫，沒有了再固守現狀的可能，你唯一需要做的、唯一能做的就是勇往直前，並做到最好。

●◎**遷就別人要有底限／095**

不要輕易遷就別人，每個人都有自己的立場和方法，做事時應該多堅持自己的意見，不要輕易改變立場，這樣你才可以抵制那些企圖誘惑你、改變你的人，走出一條真正屬於你自己的道路！

你早該知道：每個人都有自私的一面

吃喝一家的是朋友，趣味相投的是知己，親密無間的是知音，合作共謀的是莫逆；平日裏大家把酒言歡，但一旦觸及個人的利益，他人也會給你來個「翻臉不認人」。

◎未可全拋一片心／118

友誼的發展都是漸進式的，與其一下子掏出心來，還不如慢慢觀察對方，有了瞭解之後再交心。你可以不虛偽、坦坦蕩蕩，但絕不能太快把感情投入進去，給自己多留一點時間思考，會讓你更好地保護自己。

◎小心嫉妒的冷箭／137

男人嫉妒他人的智力優勢；女人嫉妒別人的美貌絕倫；官場上嫉妒他人青雲直上；市井中嫉妒別人生財有道。嫉妒在生活中似乎是無處不在的，所以你應該多多鑽研戰勝嫉妒之道，免得不小心就成了別人嫉妒槍口下的靶子。

◎長舌咬死人／142

喜歡搬弄是非的人，臉上沒有標著記號，有的甚至還會以一副親切的形象出現在你面前，所以你必須學會保護自己的隱私，並提高警覺。

◎甜言蜜語的背後／149

世界上有全心全意為別人打算的好人，但大多是在事不關己的情況下。

你早該知道：獨木橋也許勝過陽關道

我們應該擁有一套獨特的做事模式，和具有自己特色的做人方法，然後你會發現，比起「陽關道」來，「獨木橋」也許更好走。

◎主動斷掉自己的後路／174

「置之死地而後生，投之亡地而後存」，有時只有破釜沈舟，才能有柳暗花明的結果。

◎換個思路就是成功／180

失敗與成功相隔的並不遠，有時也許只有半步距離。所以如果遭遇到了失敗，千萬不要輕易認輸，更不要急於走開。只要保持冷靜，勇於打破既定思維，積極尋找對策，成功一定很快就會到來。

◎用「雞肋」做大餐／197

有頭腦的人，都會從人們視為廢物的東西，和危險領域的地方，發現機會、創造價值。

◎不走直路偏繞彎／202

當你用一種方法，思考一個問題或從事一件事時，遇到了阻礙怎麼辦？建議你不妨另用他法，換個角度去思考，換一種新方法去重做，也許你就會茅塞頓開、豁然開朗。

繞路而行，有時是解決問題最快的方法。

◎反向思維讓你反敗為勝／208

身陷絕地的時候，如果按常規出牌那就必敗無疑；但若反其道而行，則可能會獲得一線生機。

在思考問題時，人們總是死抱著正面進攻的方法，一味蠻幹。這樣做雖然很多時候也能成功，但卻要花費你很大的力氣，有時甚至會得不償失。

你早該知道：

貴人不一定是好人

坎坷人生路上，每個人都盼望能有貴人相助。
遇到困難時，貴人會幫你一把，晉升受阻時，
貴人會拉你一下……

但貴人都是些什麼人呢？
上司、親戚、朋友？
未必！
貴人也可能是素不相識的陌生人，
是專門找你麻煩的人，
甚至可能是對你心懷敵意的人。
不要以為貴人一定是好人，
很多時候好人成不了貴人。

所以不要把貴人的範圍劃得太窄，
這樣做不利於你獲得貴人的幫助。

◎愛你的對手

在一個偏遠的山村，王姓與金姓兩家是三代世仇，兩戶人家一碰面，經常演出全武行。

有一天傍晚，老王與老金從市集裏出來，碰巧在返村的路上遇見了。兩個仇人一碰面倒沒有開打，不過，也各自保持距離，互相不答理對方。兩人一前一後走在山間小路上，相距約有幾公尺之遠。

天色已經相當暗了，是個烏雲蔽月的夜晚，走著走著突然老王聽見前面的老金「啊呀」一聲驚叫。原來是老金掉進溪溝裏了。老王看見後，心想：「無論如何總是條人命，怎麼能見死不救呢？」便連忙趕了過去。

老王看見老金在溪溝裏浮浮沈沈，雙手在水面上不斷掙扎著。這時老王連忙折下一段樹枝，迅速遞到老金的手中。

老金被救上岸後，感激地說了一聲「謝謝」，然而猛一抬頭才發現，原來救自己的人居然是仇家老王。

老金懷疑地問：「你為什麼要救我？」

老王說：「為了報恩。」

老金一聽，更為疑惑：「報恩？恩從何來？」

老王說：「因為你救了我啊！」

老金丈二金剛摸不著腦袋，不解地問：「咦，我什麼時候救過你啦？」

老王笑著說：「就剛剛啊！因為今夜在這條路上，只有我們兩個一前一後走著。剛才你遇險時，若不是你那一聲慘叫，第二個墜入溪溝裏的人肯定是我了。所以，我哪能知恩不報呢？真要說感謝的話，那理當先由我說啊！」

與人交往，退一步就是海闊天空，就像老王和老金一樣。兩人本來是世仇，但卻因為遇險而能化干戈為玉帛。老王是老金的貴人，他在關鍵時刻救起了老金。但老金又何嘗不是老王的貴人，如果不是老金喊了一聲，老王也一定會掉進溪溝。

生活中也是這樣，當我們需要幫助時，出現在身邊的常常是與你敵對的人。耶穌說：「愛你的仇人。」不僅是因為仇恨會造成你我的敵對，還會加重生活的不安與憂慮，而且也因為恨的反面就是愛，仇人也可能成為你的知己或貴人。

法蘭克曾在維也納當了很多年律師，在第二次世界大戰期間，他逃到瑞典，一文不名的他很需要找份工作。因為他能說、並能寫好幾國的語言，所以希望能夠在進出口公司裏找到一份祕書工作。不過，絕大多數的公司都回信告訴他，因為正在打仗，他們不需要這一類的人，不過他們會把他的資料存在檔案裏。

不過有一封寫給法蘭克的信上說：「你對我生意的瞭解完全錯誤。我根本不需要任何替我寫信的祕書。即使我需要，也不會請你，因為你連瑞典文也寫不好，信裏全是錯字。」

當法蘭克看到這封信的時候，簡直氣得發瘋。這個瑞典人寫來信說他寫不好瑞典文是什麼意思？那個瑞典人自己的信上也是錯誤百出。於是法蘭克也寫了一封信，目的要向那個人大發脾氣。

但，接著他停下來反問自己說：「我怎麼知道他說的是不是對的？我修過瑞典文，可是它畢竟不是我的母語，也許我確實犯了一些我並不知道的錯誤，這個人可能幫我一個大忙，所以我應該寫封信感謝他一番。」

於是法蘭克撕掉了剛剛那封罵人的信，另外再寫了一封信說：「你這樣不怕麻煩地寫信給我真是太好了。尤其，你並不需要一個替你寫信的祕書。對於我把貴公司的業務弄錯的事，我覺得非常抱歉。我之所以寫信給你，是因為我向別人打聽，而別人向我介紹了你，說你是這一行的領導人物。我並不知道我的信上有很多文法上的錯誤，我覺得很慚愧，也很難過。我現在打算更努力地去學習，以改正我的錯誤，謝謝你的幫助，使我走上改進之路。」

沒過幾天，法蘭克就收到那個人的信，邀請法蘭克去看他。法蘭克去了，而且得到了一份工作。

「愛你的仇人」不只是一種道德上的教訓，而且是自我的一種原諒，這對我們的人際關係有莫大的好處。如果法蘭克看到那封令人生氣的信時，在大發雷霆之下立刻回敬對方一封更惡毒的信，那麼結果會是怎麼樣呢？沒錯，法蘭克會出一口惡氣，但他將得不到那份他急需的工作。法蘭克確實是個聰明人，他把他的怒火壓制起來，用溫和大度來回應對方的惡意挑釁，結果那個瑞典人就變成了法蘭克的貴人——給了法蘭克一份工作。

小結語

愛你的仇人，會讓你少一個敵人，多一個朋友甚至是貴人，不要猶豫了，這很容易做到，只要你主動伸出和解之手，再深的心結也能夠化解。

◎陌生人也可能成為你的貴人

一隻兔子在路上看到了一個奇怪的傢伙，它奄奄一息地躺在路邊，兔子想了一下，就用樹葉去河邊取了些水給它飲用，將它安置好後便離去。有一天，一隻獵狗追蹤兔子來到草叢裏，兔子只好亂跑一通，希望能擺脫獵狗。這時候，一個嚇人的刺蝟從草叢裏衝了出來向獵狗撲去，獵狗被嚇走了。兔子朝它一再道謝，刺蝟卻說：「你不認識我了嗎？你曾在路邊用水救過我！」

貴人分兩種：一種是已存在的貴人，例如你的朋友、上司，另一種是潛在的貴人，這種人現在對你來說，還只是陌生人，但透過一些方法，他們將會成為你的貴人，並給你極大的幫助。

老蔡是計程車司機，每天都要開著車子在大街上找乘客。這天一大清早，他正在醫院門口守候著客人，警察遠遠的走過來，他知道這裡是規定不能停車的。

他正要駛離門口，這時他看到一個人從醫院的臺階上急步下來，舉手叫車。他看的出來這個人一定有急事，於是他不顧警察正走過來，便在門口等待那個急迫的客人。老蔡已經聽到警察吹哨子要他開走，但是他不打算放棄這個客人。那人終於跳進計程車裡，對老蔡說：「謝謝你等我，麻煩去機場。」

過了一會兒，這名乘客開口跟老蔡攀談：「你喜歡開計程車嗎？」

這是一個很普通的問題，老蔡也給他一個很普通的回答：「還不錯，餬口不成問題，有時還會遇到有趣的人。可是如果我能夠找到一份工作，一個月可以多賺幾千塊，我就會改行。你也會吧？」

那個人笑了笑回答說：「如果要我每個月少幾千塊，我也不會改行。」

他的回答引起了老蔡的興趣。他從來沒有聽過人說這樣的話。

「你是做什麼的呢？」

「我在醫院工作，我是個醫生。我有我的使命。」

老蔡對他的乘客總感到很好奇，並且儘量向人討教。他看了看這位醫生，也許這個人真的很喜歡他的工作，在他臉上，老蔡看到了異樣的光彩。老蔡決定請他幫忙，他們很快就要到達機場了，老蔡決定不顧一切對他說出自己的請求。

「我可以請你幫我一個忙嗎？」

乘客沒有開口。

「我有一個兒子，是個很乖的孩子。他在學校裏成績很好，今年暑假我本來要他去補習的，但他卻想去打工，而且是到醫院打工，因為他想多瞭解醫院的情形，他想唸醫學院。我是個沒有能力的爸爸，也沒認識什麼大官、老闆，我真的不知怎麼幫助我的孩子。」

老蔡停了一下：「你可以幫他找一份暑期工作嗎？沒有酬勞也行

的。」

乘客仍然沒有開口。老蔡開始覺得自己很傻，實在不應該提出這個問題。

最後，當車子停在機場大廈前時，那名乘客對老蔡說：「我的學生暑期有一項研究計劃要做，也許他可以去幫忙。先請你兒子寄他在學校的成績單給我吧！」隨即遞上一張名片。

回家後，老蔡讓兒子按乘客留下的地址寄出了成績單。

過沒多久，有一晚老蔡回到家，見到兒子滿面笑容，興奮地對他說：「爸爸，我可以去幫忙了。」他遞給老蔡一封用很講究的凹凸信紙寫給他的信，信中叫他打電話給那名醫師的祕書，約個時間面談。

老蔡興奮得簡直要跳起來。其實在他開口向陌生人求助時，並沒有對這件事抱太大的希望，誰能指望一個陌生人會幫這麼大的忙呢！他相信自己真的是遇到了貴人。

老蔡的兒子去幫忙了一個暑假，那名醫生還給了他一萬多元的工資。第二年他又去那裏做了暑期工，並漸漸地愛上了這一行。

後來大學聯考時，老蔡的兒子也以優異的成績，考進了醫學院。而當他開始實習時，那名醫師也熱情的向他兒子的指導教授、主治醫師推薦他的才能和人品。

後來，老蔡的兒子還取得醫學博士的學位，並在那名醫師那裏工作了好多年。

人們總是習慣地認為，能幫助自己的貴人，必定是跟自己有密切關係的人，其實未必。只要你有與人交往的良好意願，那麼你也可以把陌生人變成朋友，並讓他幫你的大忙。

在有些人看來，老蔡似乎做了件很傻、很冒昧的事——在計程車上向陌生人求助，但事實上這正是老蔡的聰明之處。他從不放棄尋找貴人的機會。可見貴人並不是什麼特定的人，只要你願意，你可以自己從生活中發掘貴人。

小結語

老蔡的經歷告訴了我們這樣一個道理：陌生人也會給我們帶來無窮的機會。當我們有困難的時候，不要害怕向陌生人求助，也許他就是潛在的貴人。

◎用「興趣點」打動難纏的人

兩個人相約去拜訪美神維納斯，想請求她賜給自己一個美麗的妻子。第一個人先走進宮殿，向坐在寶座上的維納斯讚美說：「偉大的女神，您那高貴的出身，您那舉世無雙的智慧……」還沒等他說完，維納斯就不耐煩地把他趕出宮殿。第二個人走了進去，他驚異地看著維納斯說：「太美了！我用盡所有的語言也無法形容您的美麗，您那鮮花般的嘴唇，您那……」維納斯熱情地接待了這個人，並大方地賜給他一個漂亮的女人。

貴人並不一定是一開始就對你表現出和藹、親切的那個人，他們可能對你很冷漠，甚至故意刁難你。但只要你用對了方法，他們就可能成為幫助你的貴人。

尚志奉命去拜訪公司的大客戶歐陽先生。這讓他感到忐忑不安，因為歐陽先生一向以脾氣暴躁、待人刻薄聞名，如果不是負責的同事突然辭職，他是怎樣也不願意走進歐陽先生的辦公室的。

剛走到辦公室門口，祕書就叮囑尚志，只能和歐陽先生談十五分鐘，因為：「歐陽先生非常忙！」

他被引進總裁辦公室時，看見歐陽先生正把頭埋在桌上成堆的公文之中。聽見有人走進來，他抬起頭朝來者方向不耐煩的說：「你們又有什麼事情嗎？我真厭煩透了，你們總是給我找麻煩！」

這種情況下，尚志不想和他正面交鋒，他決定說點別的，即使浪費了這十五分鐘也沒關係。於是尚志沒有理會對方的無禮，他簡短地介紹完自己後，又說道：「歐陽先生，當我在外面等著見你的時候，我很羨慕您的辦公室，假如我有這樣的辦公室，我一定會很高興地在這裏工作，您知道我是一個內在本分的人，我從來不曾見過這麼漂亮的辦公室！」

歐陽先生的臉色一下子柔和了很多，他答道：「你使我想起一件幾乎忘記了的事。這房子很漂亮是不是？當初剛裝潢好的時候我非常喜歡它。但是現在，有許多事忙得我甚至幾個星期坐在這裏也無暇看它一眼。」

尚志走過去用手摸壁板，說道：「這是英國橡木做的吧？質感很好。」

歐陽先生答道：「對，那是從英國運來的橡木。我的一個朋友懂得木料的好壞，他為我挑選的。」

隨後歐陽先生領著尚志，參觀了他自己當初參與設計的空間配置、油漆顏色、雕刻工藝等等。當他們在室內誇獎裝潢時，時間已經過去了半小時，可是歐陽先生還拉著尚志到處參觀。這個刻薄的老先生似乎一下子就變得和藹可親起來。最後他說：「好了，年輕人，有時候你們的服務真的讓我無法滿意，我甚至幾次想過要撤單。不過你也看得出來，我並不是那麼不通情達理的人，也許我應該再給你們一個機會。」尚志喜出望外，那可是每年上千萬的大買賣呀！而自己甚至還沒有提起續約的事。

後來，尚志和歐陽先生成了好朋友，兩人常在一起談生活、工作中發生的事。有一次，歐陽先生建議尚志自己開個公司，並表示願意提供資金和適當的幫助。這真是求之不得的好事，尚志很快就有了一間屬於自己的公司，而且在歐陽先生的幫助下，發展的非常順利。

每一個人都有某個方面的興趣，只要你能抓住對方的「興趣點」就可以和對方建立良好關係。歐陽先生或許是個喜歡刁難別人的人，尚志在還沒走進他的辦公室前，就認定事情一定不會太順利，然而奇妙的是因為他抓住了對方的興趣點，兩人居然溝通得很順利。更讓人驚喜的是歐陽先生居然主動提出續約、並進而願意幫助尚志創業，因此這個難纏的客戶就變成了尚志的貴人。

有人認為「遇見貴人」完全要靠機遇、靠命運，其實這種想法並不正確。貴人是要靠自己培養、發掘的。有的人很難纏，對你不友善，可是，如果你用對了方法，很可能就會把他變成你的貴人。

小結語

找個貴人幫助你，會獲得很多好處，但你必須知道如何拉攏你的貴人，別因為對方難纏就輕易放棄，那樣你就會錯失一個絕佳的好機會。

◎貴人可能是故意折磨你的人

綿羊非常討厭牧羊犬：「煩死了！每天朝我們大吼大叫，追我們、嚇我們，如果沒有牧羊犬那該有多好！」某天，兩隻饑餓的狼發現了這群綿羊，牠們貪婪地衝了過來，綿羊嚇得四散逃跑。這時幾隻牧羊犬衝了出來，勇敢地跟惡狼搏鬥，終於把牠們趕跑了。從此以後，綿羊再也沒有抱怨過牧羊犬，因為牠們明白了，牧羊犬是牠們的守護者。

生活中有很多事情，你不能單從表面去理解。比如有的人可能對你很刻薄，但他不一定是在害你；有的人故意刁難你，但也許是為了鍛鍊你的意志。貴人不一定是你印象中的好人，他也可能是那些故意刁難你的人。

安森是一名採購員，他服務於當地著名的公司。安森覺得公司的待遇、工作條件都不錯，但他卻非常討厭他的主管。那個嚴厲的主管每天都要找他的麻煩：「安森，你不能這樣做！」「安森，看看你做了些什麼？」……安森相信主管一定非常討厭自己，無時無刻都在找他的麻煩，想把他踢出公司，因此安森工作起來格外細心。

但有一次他卻犯了一個大錯。

安森的公司對於採購員每個月本身的採購金額有一個額度，如果金額不夠，則必須提前申請，要不然就必須等到下個月新的額度進來。

那次正常的採購完畢之後，一位業務員向安森展示了一款極其漂亮的新款手提包。安森一看到這個手提包，他知道這絕對是個熱賣商品，會為自己的公司帶來極大的利潤。但，他這個月已經沒有採購額度了。此時他知道自己只有兩種選擇：要嘛，就放棄這筆交易；再不然，就是向主管承認自己所犯的錯誤，並請求追加撥款。

正當安森坐在辦公室裏苦思時，主管剛好經過。安森立即決定要告訴主管，並向主管解釋目前所發生的狀況。

主管沈默思考了一會兒，安森心想：「這次他一定會抓住這個機會，好好修理我一番。」他忐忑不安地等著主管的決定。

出乎意料之外的是，他的主管並沒有朝他發火，也沒有責罵他，而是很快設法給安森撥來所需款項。

結果這項產品一上市，果然十分暢銷，安森也因此受到了公司高層的表揚。

安森主動約他的主管一起吃飯，因為他想知道主管為什麼要幫他。當他提出疑問時，主管笑了笑說：「從你剛進公司起，我就覺得你是一個很認真、有前途的年輕人，我知道你一定可以做的更好，所以我才一再嚴格要求你。事實證明我是對的，你對於採購公司熱賣的商品真的很有眼光，這就是我願意幫你的原因。」

安森這才明白主管的良苦用心，從此他更加努力地工作，而主管也從不吝於指導他、幫助他。

小結語

有的人處處跟你為難，找你的碴，責罵你……但未必是跟你過不去。就像這個故事中的主管一樣，平時總是非常挑剔，但關鍵時刻卻樂於幫忙，所以貴人不一定是對你和顏悅色的人。

◎有的「貴人」也會對你別有企圖

一個農民丟了一隻雞，到處找都找不到。這時一隻狐狸出現了，牠說自己在山腳下撿到雞並把牠送回來。農民很感激狐狸，就把牠留在家裏，請牠看雞。一段時間後，農民發現雞越來越少了，農民覺得很納悶。最後終於發現是狐狸偷吃了那些雞，他氣憤地指責狐狸，狐狸卻狡猾地說：「誰叫你瞎了眼不看清楚呢？」

有人主動要幫助你時，也許是因為他對你別有企圖，不要輕易相信他的話，考慮清楚後再決定是否要接受他的幫助。能夠看清「貴人」真面目的是普通人；能夠看清他的用意，並把他轉化成你的「真貴人」的是聰明人。

有一位來自布宜諾斯艾利斯的美麗姑娘，到紐約後無法謀生，想在曼哈頓跳海自殺。一個過路的水手救下了她：「你為什麼要做這種傻事？」

她用不太純熟的英文嗚咽著說：「我在紐約好幾個月了，沒有工作、沒有錢。我想回家。我的家人都在布宜諾斯艾利斯。」

水手聽後想了一會兒，便對她說：「這樣吧，我那艘船今晚將啟航開往邁阿密、巴拿馬，六個星期後我們就能到達布宜諾斯艾利斯了。我可以把你藏在船上的救生艇裏。」

這真是喜從天降。

當天晚上，水手把她偷偷帶上了船，安置在一隻救生艇裏，上面蓋著防水帆布。幾小時後，船啟航了。

每天，這船從一個港口緩慢地開往另一個港口。晚上，水手給姑娘送去食物和飲料。姑娘對恩人充滿感激之情，他們之間的關係也一天天地微妙起來。第九天夜晚，水手吻了她；第十天夜晚，他得到了更多。這真是一場救生艇上的羅曼史。

一天清晨，船長發現一隻救生艇的防水帆布鬆了，正要動手綁緊，便發現了瑟瑟發抖的偷渡者。

「你是什麼人？」船長問。這美麗的姑娘嚇壞了，只好把自己的冒險經歷告訴了船長。

船長皺起了眉頭：「老天爺！那無賴叫什麼名字？」

「他不是無賴！他很仁慈，他對我很好，他……」

「你呀！」船長怒氣沖沖地喊道：「這只是一艘一般的捕魚船！」

不要以為用一副悲天憫人的面孔來幫助你的就是你的貴人，你應該保持清醒的頭腦，看清楚他的真實用意。

關雪玉獨自一人從鄉下來到台北奮鬥，她最大的希望是賺一筆錢，然後念大學，將來再出國留學。關雪玉憑著自己的辛勤努力，終於進入了一家非常有名的房地產公司，成為一名業務員。公司規定她每天要穿戴得一絲不苟，帶領著腰纏萬貫的客戶前往一幢幢豪華住宅，從地理位置、環境設施、庭宅院落，一直介紹到廁所的最後一個角落，無論客戶有多少挑剔、多少質疑，她都必須和顏悅色。就算客戶最後說聲「不」，她也要面帶微笑地說：「謝謝，不好意思浪費您寶貴的時間了！」繁重的工作，讓她根本沒有多餘的時間唸書，她幾乎要對自己的夢想絕望了。

有一天，來了一位大老闆，他是某投資公司的總裁，有意購買一棟豪華別墅，關雪玉詳細地為他介紹了別墅的情況，但大老闆總是心不在焉地聽著，他總是跟關雪玉閒聊，似乎對關雪玉比別墅更有興趣。

過了幾天，大老闆再次光臨，他指定關雪玉做介紹，並讓關雪玉陪他去看房，最後大手筆地買下了她介紹的別墅。回來的路上，他認真地對關雪玉說：「關小姐，有沒有興趣到我的公司上班？我正缺一個祕書。到我的公司來吧，我會成就妳，讓妳有所作為的！」

雪玉簡直受寵若驚，她不敢相信自己居然有這樣好的運氣。沒多久，雪玉「應聘」來到了這個讓她充滿幻想的祕書職位。她非常得意，這家公司在整個東南亞具有很高的知名度，是同行業中的佼佼者，她暗自慶幸，終於找到了自己的最佳的起點。

過了不久，大老闆找了一個合適的機會約雪玉共進晚餐，吃飯的時候他送給雪玉一份精緻的禮物，當她打開那個禮物時，雪玉嚇呆了。

那是她親自推銷的那棟別墅的鑰匙和一本印著她名字的房契，看著大老闆別有涵意的眼睛，她終於知道對方想怎樣「造就」她了！

雪玉會怎樣做呢，大罵對方一頓，然後轉身就走；還是留下來享受這一切？

都沒有。雪玉冷靜下來，向大老闆講述了自己的經歷：因家境窘迫而輟學的痛苦，外出打工的辛勞和不易，夢想難成的失落……講到動情處，雪玉忍不住落下淚來。

大老闆默默無語地聽著，最後他站了起來，自嘲地笑著說：「其實我也是鄉下長大的孩子，不知為什麼，妳的話讓我想起了好多事，妳……唉！這樣吧，如果妳還相信我，明天就繼續來上班，這件事就當沒發生過吧！」

雪玉繼續著她的祕書工作，後來她考上了知名大學，在學校的成績也保持的很好。後來，公司有一個去美國培訓的機會，大老闆推薦了雪玉，現在雪玉已經是該公司的海外部經理了。

不是每個貴人都會毫無所圖的幫你，但你不能因為對方別有用意就將之定義為「壞人」。你應該學會保護自己不被對方傷害，同時還要讓他繼續當你的貴人、繼續幫你。

就如故事中的雪玉；當雪玉弄清楚大老闆幫她的目的後，她並沒有衝動行事把關係弄僵，而是動之以情，以自己的辛酸經歷打動了大老闆。結果大老闆完全放下了對雪玉的企圖，心甘情願的成為了她的貴人。

小結語

貴人不是憑空得來的，你需要自己尋找貴人、激勵貴人，並促使一些對你有用的人向貴人轉化，哪怕原本他對你別有用心。

◎拉上名人做貴人

一個小乞丐想進農場的池塘裏捕魚，可是女僕守在門口，就是不讓他進去，這該怎麼辦才好呢？這時，突然有一群觀光客向農場走去，小乞丐趁機跟在他們身後一起進去。儘管女僕看到了他，但卻礙於這群觀光客，女僕也不敢動手攆走小乞丐！

在人們的印象中，貴人一般是指親戚、朋友、上司、長官之類的人，但事實上並不完全是這樣。貴人也可能根本是你不認識的人，他們也許並沒有幫你的意願，但只要你能善加利用，他們也會成為你的貴人。

清朝官場中歷來靠後臺、走後門、求人寫推薦信。軍機大臣左宗棠從來不給人寫推薦信，他認為一個人只要有本事，自會有人賞識。

左宗棠有個知己好友的兒子，名叫黃蘭階，在福建候補知縣多年也沒等到實缺。他見別人都有大官寫推薦信，想到父親生前與左宗棠很要好，就跑到北京去找左宗棠。左宗棠見了故人之子，十分客氣，但當黃蘭階一提出想讓他寫推薦信給福建總督時，登時就變了臉，幾句話就將黃蘭階打發走了。

黃蘭階又氣又恨，離開左相府，就閒踱到大街看書畫散心。忽然，他見到一個小店老闆學寫左宗棠字體十分逼真，心中一動，想出一條妙計。他讓店主寫柄扇子，落了款，得意洋洋地回到了福州。

這天，是參見總督的日子，黃蘭階手搖紙扇，緩緩走到總督堂上，總督見了很納悶，問：「外面很熱嗎?都立秋了，老兄還拿扇子搖個不停。」

黃蘭階把扇子一晃：「不瞞您說，外邊天氣並不太熱，只是我這柄扇是我此次進京，左宗棠大人親送的，所以捨不得放手。」

總督心裡一驚，心想：「我以為這姓黃的沒有後臺，所以候補幾年也沒任命他實缺，沒想到他卻有這麼個大後臺。左宗棠天天跟皇上見面，他若恨我，只消在皇上面前說個一字半句，我可就吃不消了。」總督要過黃蘭階的扇子仔細察看，確定是左宗棠筆跡，一點不差。他將扇子還與黃蘭階，悶悶不樂的回到後堂，找來師爺商議此事，第二天就給讓黃蘭階任了知縣。黃蘭階不出幾年就升到四品道台。

總督一次進京，見了左宗棠，討好地說：「宗棠大人故友之子黃蘭階，如今在敝省當了道台了。」

左宗棠笑道：「是嘛！那次他來找我，我就對他說：『只要有本事，自有識貨人。』老兄就很識人才！」

黃蘭階能夠官拜道台，就是因為有了左宗棠這個貴人。但仔細想一下左宗棠其實也沒有為黃蘭階做什麼，他甚至拒絕替黃蘭階寫封推薦信，連知己好友的兒子都不照顧，在黃蘭階眼裏，左宗棠絕對稱不上貴人。但他卻換種方式攀住了這個靠山，利用名人效應把他變成了自己的貴人。

美國一家公司所生產的天然花粉食品銷路不佳，經理絞盡腦汁想要提高產品的銷售數字，並讓消費者相信天然花粉對身體大有益處。

就在一籌莫展的時候，該公司負責公關的工作人員帶回一個消息：美國總統雷根長期吃公司的食品。原來，這位公關小姐非常善於結交社會名人，常常從一些名流那裏得到一些非常有價值的資訊。這一次她從雷根總統女兒那裏聽到了對自己公司十分有利的話。跟據雷根的女兒說：「長期以來，我們家冰箱裏的花粉從未間斷過，父親喜歡在每天下午吃一次天然花粉食品。」後來，該公司公關部的另一位工作人員，又從雷根總統的助理那裏得來資訊，雷根總統在健身保養方面有自己的祕訣，那就是：吃花粉，多運動，睡眠足。

這家公司在得到上述資訊後，馬上發動了一個全方位的宣傳攻勢，讓全美國都知道，美國歷史上年紀最大的總統之所以體格健壯、精力充沛，都是因為常服天然花粉的結果。很快的，公司產品的銷售數字一路攀升，風行整個美國市場。

名人的光環總是特別亮，一旦拉上名人，借到他的光，你也就會亮起來。雷根總統並沒有現身為花粉公司做廣告，他也沒有公開稱讚花粉的保養效果有多麼好，花粉公司只是利用雷根吃花粉這件事來做宣傳，結果很容易就打開了銷路。可見，拉名人做貴人，確實可以起到「事半功倍」的效果。

小結語

我們應該學著為自己尋求一些名人做貴人，從而使自己儘快得到提拔，英雄有用武之地，或是使自己成功之路更順暢，這也是一種提高自身形象、擴大自己影響的策略和技巧。

◎找貴人別看走了眼

鴨子家族長期飽受河裏的一條鱷魚的侵擾，夏天還沒過完，牠們就失去了七個成員。牠們決定找幫手來對付鱷魚。一隻貓聽說了這件事，就主動表示願意幫忙「看我鋒利的爪子，」貓說道：「看我靈活的身手！」貓一下子就竄到了樹上，「放心吧！我一定要把鱷魚撕成碎片，讓你們高枕無憂！」鴨子家族高興極了，牠們設法捉來了很多魚送給貓，就等牠吃飽後一展雄風。鴨子剛進入河裏，鱷魚就撲了上來，「救命！」鴨子們對著貓求救，可是貓縮在岸邊顫抖地說：「我……我……我不會游泳！」

有人願意熱心幫助你，但卻不一定能成為你的貴人，因為他不一定真有那個能力幫助你。所以選貴人也要有點眼力，否則不但事情辦不好，還可能被貴人拖累。

小劉奮鬥了幾年，終於決定自己開公司。只是沒想到公司剛剛營業沒多久，竟遇到騙子，將公司庫存的許多產品騙個精光。這該如何是好？正當小劉一籌莫展之際，他的一個老同學帶著一項新產品上門找小劉，想用合作方式，共同開拓市場。

小劉看著產品推廣企畫書欣喜若狂。覺得這對自己來說不失為一個賺錢的機會。但自己公司剛剛才遇到詐騙事件，手頭正緊，實在很難籌措出合作的資金。這時，他想起了另一個叫白偉的老朋友。

白偉是小劉的鄰居，長小劉幾歲，他比小劉早創業幾年，並且賺了些錢。白偉總是跟小劉說：「有什麼賺錢的事，你只管找我。」小劉始終沒有找他的原因就是也抱定了「交友千日，用友一時」的觀念。現在小劉終於到了「用友一時」的時候了，於是他立刻去找白偉，想要他投資這個賺錢的好機會。

白偉看了企畫書，也認定這是個賺錢的好機會，在小劉的要求下，白偉同意拿出一百萬元支持他。而且，白偉還拒絕分利潤或是拿利息。他說：「我只是單純支持你。朋友嘛，我和你計較這些幹什麼？況且，錢借了你，是你去努力奮鬥，我不該占有這份回報的。你只要還錢時，記得請我吃一頓就行了。」

真是遇到貴人了，小劉欣喜若狂的直接跟老同學簽了合約。雙方約定合作細節，小劉爽快答應將金額補上。接著小劉就等著白偉答應匯給他的款項，做著他的發財美夢。

過了很多天，白偉答應匯的款項沒有到，小劉有點沈不住氣，便打電話給白偉詢問，白偉回答他：「急什麼？我這兒有好多事忙著呢！一會兒日本，一會兒新加坡的，過兩天就給你匯過去！」

就這樣一天過一天，直至一個月後，老同學告訴小劉，他已經違約了，照合約小劉應支付他十萬元的違約金。沒辦法，小劉只好從風雨飄零的公司中抽出錢來付予老同學。

這一來，小劉的公司連週轉資金都沒有了。小劉越想越生氣，他去找白偉算帳。

白偉蠻不在乎地告訴他：「我一直都在幫你籌錢啊！可是這幾年我雖然賺了不少，但開銷也挺大的。再說生意場上你欠我，我欠你，有的錢我收都收不回……」小劉實在不知道該說什麼，他覺得唯一該怪的就是自己，誰讓自己找了這麼一個「貴人」呢！

有貴人相助，做起事來就會順風順水，事業就會飛黃騰達。但要注意的是別看走了眼，選錯了人，否則就會像小劉那樣空歡喜一場，還落個「賠了夫人又折兵」的下場。

當我們遇到困難時，最渴望的就是有個貴人出手相救，不過當有人向你伸出手時，你也應該看清楚，對方是否真有能力把你拉起來。故事中的小劉如果能先確認一下對方的財務狀況，也就不會輕易相信這個「貴人」了，自然也可以避免那筆不必要的損失。所以不是什麼人都能成為你的貴人，你應該看清楚了再做打算。

小結語

能夠遇到貴人，的確是一件很幸運的事；你的人生路就會順暢很多，就會更容易攀上事業的高峰。當然，前提是你選擇了一個確實能幫上你忙的貴人。

◎有一種貴人很另類

一隻小羚羊問媽媽：「媽媽，我們為什麼能跑得這麼快？」媽媽告訴牠：「這還要多感謝狼！我剛會跑不久，我的媽媽就告訴我：『你一定要跑快點啊！要不然狼就會吃掉你的。』所以我就嚇得拼命跑，越跑就越快了！」

有一些人，他們在不知不覺中就改變和影響了你的命運，儘管有時這並非他們的本意。

莎士比亞年輕的時候曾在家鄉斯特拉福德鎮做一名剪羊毛的工人，但他的手藝並不太好，還常常被老闆責罵。離斯特拉福德鎮不遠有一座貴族宅邸，主人是路希爵士。有一天，莎士比亞與同鎮上幾名朋友，扛著槍溜進爵士的花園，開槍打死了一頭鹿。結果莎士比亞被當場抓住，讓管家囚禁了一夜，莎士比亞受盡侮辱，他被釋放後便寫了一首尖酸刻薄的諷刺詩，貼在花園的大門上。這下子惹得爵士火冒三丈，揚言要訴諸法律，嚴懲那寫歪詩的偷鹿賊。於是莎士比亞在家鄉待不下去，只好遠走他鄉。作家華盛頓．歐文說：「從此斯特拉福德鎮失去了一個手藝不高的剪羊毛的人，而全世界卻獲得了一位不朽的詩人。」

當莎士比亞在家鄉悠閒地做剪羊毛工人時，大概從未想去異鄉發展，但爵士的侮辱和威脅卻使他必須離鄉背井，並最終在外地成為一個出色的詩人。爵士的惡意行為反倒成了莎士比亞成功的推進器，這不是一件很奇妙的事嗎？從某種角度上講，這爵士確實可以稱得上是莎士比亞的貴人。

貴人不一定是我們印象中的好人，他們也可能對我們懷有惡意，並狠狠地推我們一把，可是這一推卻把我們推上了前進的道路。

阿寶在小鎮上開了家雜貨店，這店是他爸爸傳下來的，他爸爸又是從他爺爺手裏接過來的，總之這間小店雖然不起眼，但卻是一間祖傳的老店。阿寶買賣公道，信譽很好。他的店對鎮上的人來說，就像手足般不可缺少。他沒有什麼野心，沒有賺大錢的想法，只想讓老店傳承下去。阿寶的兒子漸漸長大，雜貨店眼看就要有新接班人了。

可是有一天，一個外地人笑嘻嘻地來拜訪阿寶，情況便變得複雜了！這個外地人說，他想買下阿寶這雜貨店，要阿寶給個價錢。

阿寶怎麼捨得？即便出雙倍價格他也不能賣！這雜貨店不光是雜貨店呀，這是事業，是遺產，是信譽！

外地人聳聳肩，笑嘻嘻地說：「抱歉，我已選定對街那幢空房子，我想重新粉刷一番，把它裝潢的氣派一些，再進些上等好貨，便宜賣，那時你就沒生意了！」

阿寶眼見對面空房開始翻新，一些木匠在裏面鋸呀、刨呀，一些油漆匠裡裡外外來回粉刷，他的心都碎了！

新店開張後，阿寶的生意果然立刻受到影響，大家都跑去外地人的店裏買東西，因為那裏的東西樣式新、價格低，看來外地人是存心要弄垮阿寶的老店。

不能再這樣下去了，阿寶決心還擊，可是怎樣才能戰勝對手呢？阿寶仔細觀察，每次他把一些商品擺在門口特賣時，人們總是格外感興趣，他們喜歡挑挑揀揀，然後選走他們想要的東西，這使得阿寶有了新想法——對店鋪進行大改革：這是他從前想都沒有想過的事。

他找了幾個木匠製作了一排貨架，又去城裏採購了許多貨品，然後分門別類地把它們擺到貨架上，並在相應的貨品下貼上清楚的價格標籤。他撤掉了老式櫃檯，只在門口擺了張桌子，這樣人們進店以後就可以隨意看看，選好自己想要的東西後再去門口付錢。這一招在整個鎮上引起了轟動，人們都湧到阿寶的店裏買東西，阿寶獲得了成功。那個外地人只好結束營業關門大吉了。

日本人有一種跑步訓練方法，就是讓一頭狼狗跟在運動員後面追，這樣一來，運動員就不得不發揮出自己最大的潛力。

太安逸的時候，人就會不思進取。但如果有人對你造成了威脅，你就會振作起來。故事中的阿寶就是這樣，當外地人未出現時，他只滿足於守住老店並將它傳承下去，並沒有想過要把店鋪做大。但當外地人威脅到店鋪的存亡時，他只好奮起拼搏，改變經營模式，最後成為了一名富商。所以，他的發跡確實有外地人的一份功勞。

小結語

你生命中的貴人可能以各種面貌出現：愛你的人，幫你的人……但也有可能是敵視你或蔑視你的人。遇到這樣的人時，也不要太過怨恨，也許他們也是你的貴人，一種比較另類的貴人！

你早該知道：
不是什麼人都按牌理出牌

在複雜的現實生活中，
做人做事不能總按著自己的想法走，
因為不是所有的人都會按照牌理出牌。

所以如果你一味老實認真，
有時不但無濟於事，
甚至還會吃大虧。

所以你必須學會根據各種客觀情況制訂策略，
因事而變，不要死守一法。

◎要想成功，先學會忍

荒山上有兩塊一模一樣的石頭，三年後其中的一塊被做成英雄的雕像立在市中心，受人景仰，而另一塊則被當作墊腳石鋪在雕像的下面。有一天墊腳石發起了牢騷：「我們當年都是一樣的，為什麼你現在高高在上，我卻要被人踐踏，真是太不公平了！」

「老弟啊，你這麼說可不對呀！」石頭雕像開了口：「還記得三年前嗎？一個工匠要用刻刀、斧頭雕刻你，你卻不答應。而我，則忍受了一刀刀的疼痛才有了今天；如果你憎恨現在的樣子，當初為什麼不忍一忍呢？」

俗話說：心字頭上一把刀，一事當前忍為高。「忍」作為一種處世的學問，對於普通人來說是絕對不可缺少的，因為生活中我們會與形形色色的人打交道，也並不是所有的人在所有的時候都謙恭講理的。

在公共汽車上，一個打扮時髦的小伙子正往地上吐了一口痰，這一幕讓一名年輕女學生看到了，便對他說：「先生，為了保持車內的清潔衛生，請不要隨地吐痰。」沒想到那小伙子聽到後，不僅沒有道歉，反而破口大罵，說出一些不堪入耳的髒話。那位女學生，氣得面色漲紅，眼淚在眼眶裏直轉。

車上的乘客議論紛紛，但就是沒有人敢為那名女學生說話，大家都關心事態如何發展，便都擠過來看熱鬧。

這時，那名女學生定了定神，平靜地看了看那位小伙子，然後從自己的書包拿出一包面紙，從中抽出了幾張，蹲下身將地上的痰擦掉，隨即走向那名小伙子，在他驚訝的表情前對他說：「下車時，別忘了隨身攜帶的物品。」

看到了這個舉動，大家都楞住了。那名小伙子臉上一陣白一陣紅，車到站沒有停穩，他就急忙跳下車去。此時，車上的人都笑了，大家紛紛誇獎這名女學生不簡單真能忍，不聲不響就把那渾小子給治服了。

這位女學生的忍功真是一流。她面對辱罵，如果忍不住與那小伙子爭辯，只會擴大事態，甚至對方惱羞成怒，更可能會傷害到自己。她用她的智慧，不僅化解了這場危機，也教育了所有人。

在生活中，我們難免會碰到一些蠻不講理的人，甚至是心存惡意的人，有時還會無緣無故地遭到這種人的欺侮和辱罵。每當遇到這樣的事，常會讓人覺得忍無可忍。可是，不忍就會正好成了對方的出氣筒，也給自己帶來不必要的麻煩。

另外在跟你的朋友、長輩、上司相處時，你也必須學會忍讓。因為對朋友你不可能事事據理力爭——儘管有時他們確實很無理；長輩和上司有時可能會因為誤解或其他原因批評、指責你。這種情況很正常，不要急於辯解，認為自己無比委屈；因為中國自古以來就有尊老、尊上的習俗，許多人都是在忍讓和服從中「熬成婆」的，這樣想你就會舒服多了。

對於上司，首先是服從，然後才能有改變。不是讓上司去適應你，而是你去適應上司。上司給予的指示和命令，必須清清楚楚地理解，然後才有可能有效地執行。對於上司，他們發一發脾氣也是很正常的，不要希望每個上司都是慈祥無比。你需要忍受這種壓力，同時要以積極的行動去儘量避免這種壓力。

當你面對指責慾和權力慾極強的上司時，要學著把握下列一些「忍」字訣：

學會洗耳恭聽，認真聽懂老闆的每一句話，在老闆發布命令的過程中，不要自以為聰明地加入自己的主觀理解。

稱呼老闆時，態度要恭敬謙遜，不要顯得勉為其難或語含譏諷。

避免一些親暱行為，比如拍老闆的肩膀、後背，這會使對方認為你意存狎褻、心存不敬，從而使你寸步難行。

即使你已經做得非常出色，也不要居功自傲。要時刻注意功勞的大部分都是老闆的，是老闆的英明決策造就出你的非凡成績。

小結語

忍是理智的抉擇，是成熟的表現，更是應對無理之人的不二法門。有一個重要條件，就是眼光要放得遠，為長遠打算，忍一時之痛，這樣就可以換得風平浪靜、海闊天空。

◎不要總指望別人感恩

呂太太認為自己很倒楣，總是遇上忘恩負義的人。就先說她的先生吧！她先生是做研究的，為了工作常常是廢寢忘食，家裡所有的工作、照顧父母、孩子什麼一點也指望不上。為了支持先生的工作，呂太太一狠心，就把工作辭了，回到家裏來當全職家庭主婦。這樣的犧牲夠偉大吧，但先生卻似乎一點也沒有被感動，還反過來指責呂太太越來越俗氣。

再來說說住對面的那對小夫妻；他們之所以能在一起，那全是呂太太的功勞。紅線是她牽的，吵架是她調解的，兩家父母鬧意見還是她勸解開的。結果呢，這對小夫妻有了爭執才來找「呂阿姨」，平常沒事的時候就把呂太太丟一邊。呂太太一想起這事，就氣的不得了。

但更氣的還在後頭呢！丈夫有一個親戚的小孩，想要跨學區就讀，因為知道呂太太有點門路，所以就千求萬請的。礙於情面呂太太只好答應幫忙，沒想到學校的管理太嚴格，呂太太費盡千辛萬苦，求爺爺、告奶奶地折騰了幾天事情也沒辦妥；而那位親戚一聽事情沒辦成，臉立刻拉了下來，對呂太太的辛勞沒有半句感謝。不僅如此，那位親戚還到處說呂太太虛情假意、沒心幫忙。呂太太不但沒得到感激，還落了一身不是。她這一氣就病了一場，病好後，她逢人就說：「現在的人都是狼心狗肺，以後啊就自己管自己，別人的事，我再也不跟著瞎忙了！」

生活中的慷慨行為，往往很難得到真誠的感恩，如果你每付出一點都希望得到別人感激的話，那你將惹來無盡的煩惱。

呂太太的委屈確實可以理解，她熱情地付出，熱心地幫助別人，但她的努力似乎都白費了，她沒有得到任何一個人的感恩。但是從另外一個角度再想一下，我們每個人每天的生活都在仰賴著他人的奉獻。那麼，在抱怨別人不知感恩的時候，我們可曾向幫助自己的人表達感激之情了？

呂太太如果仔細想一下就會知道了，生活中也曾有許多人曾經給過她無私的幫助，只是她忘記了這一點。

世界上最大的悲劇，就是一個人大言不慚地說：「沒有人給過我任何東西！」這種人不論是窮人或富人，他的靈魂一定是貧乏的。人們總是這樣，對怨恨十分敏感，對恩義卻感覺遲鈍。所以下一次當你要怨恨別人的忘恩負義時，先想想自己是否做好了這一點。

老江是個小肚雞腸的人，至少鄰居們都這麼說。他幫人做一點事，就得意的不得了，人前總要提上好幾次，對方要是忘了說謝謝，他就會生氣好幾天。可是如果是人家幫助了他，他就會患上一種健忘症，事情一辦成，立刻就把別人忘的一乾二淨。

這幾天，田先生就被他給氣壞了。

老江的一個親戚來找老江，說想要買一瓶上好的酒送長官，但一直找不到長官想買的那個年份的酒，親戚問老江有沒有這方面的門路。

老江一想，三樓的田先生不就開了間賣洋酒的店嗎？於是他就讓親戚回家等著，自己帶了盒蛋捲禮盒就去找田先生。田先生見是街坊來求自己，也就盡心盡力地把這事辦成了。

事一辦成老江立刻就變了一個人一樣，見到田先生就趾高氣揚地喊「小田」跟先前的態度真是天差地遠！對田先生盡力去找酒的事竟提也不提。回頭還對街坊吹噓自己有多神通廣大。田先生被氣得幾天吃不下飯，一提起老江就一肚子火。

其實生活中像老江這樣的人並不少見，他們有時會因有人庇佑，而威風一時。不過由於這種人多半專橫、自私，只知從別人身上得到好處，卻不知回饋。這類人多半自以為是，從不考慮自己的責任，老是認為別人在算計他，對他不懷好意，想要陷害他。而所造成的後果，往往令幫助他的人感到失望，不再給予支援。

消極的心態會使這種人離開對他有利的人，而和同類型的人在一起，然後逐漸深陷其中而無法自拔。

小結語

大多數人都是這樣：只注意到自己需要什麼，卻忽略了這些東西是從哪裡來的。所以與其抱怨別人的不知感恩，還不如先培養自己感恩的心。不要總計較別人欠你多少，在你以自己的成功為榮時，應該先想想自己從別人那裡接受的有多少。

◎不「吃掉」別人就會被別人「吃掉」

日本一家大公司準備新招考一名市場銷售代表，有三名青年前來應徵。公司決定給他們一項「魔鬼考試」。公司將他們從橫濱送往廣島，讓他們在那裏生活一天，按最低標準給他們每人一天的生活費用二千日元，最後看他們誰剩的錢多，就錄取哪一位。

剩是不可能的，一罐綠茶的價格是三百日元，一碗拉麵的價格是一千日元，最便宜的旅館一夜也需要二千日元……也就是說，他們手裏的錢僅僅夠在旅館裏住一夜，要嘛就別睡覺，要嘛就別吃飯，除非他們在天黑之前讓這些錢生出更多的錢。而且他們必須單獨生存，不能聯手合作，更不能為人打工。

第一位青年非常聰明，他用五百日元買了一副墨鏡，用剩下的錢買了一把二手吉他，來到廣島最繁華的地段——新幹線售票大廳外的廣場上，扮起了「盲人賣藝」，半天下來，他的大琴盒裏已經是滿滿的鈔票了。

第二位青年也不遑多讓，他花五百日元做了一個大箱子放在最繁華的廣場上，箱子上寫著：「將核武趕出地球——紀念廣島災難暨為加快廣島建設大募捐」然後，他用剩下的錢雇了兩個口齒伶俐的中學生做現場宣傳演講。沒多久，他的大募捐箱就滿了。

第三位青年卻像是個沒頭腦的傢伙，或許他太累了，他做的第一件事是找個小餐館，一杯清酒、一份生魚片、一碗飯，好好地吃了一頓，一下子就消費了一千五百日元。然後鑽進一輛被廢棄的汽車好好地睡了一覺……

廣島的人真不錯，第一和第二位青年的「生意」都非常好，一天下來，他們對自己的聰明和不菲的收入暗自竊喜。誰知，到了傍晚的時候，厄運降臨到他們頭上。一名佩戴胸卡和袖標、腰配手槍的城市稽查人員出現在廣場上。他摘掉了「盲人」的眼鏡，摔碎了「盲人」的吉他；撕破了「募捐人」的箱子並趕走了他雇的學生，沒收了他們的「財產」，沒收了他們的身份證，還揚言要以詐欺罪起訴他們……

當第一位青年和第二位青年千方百計借了點路費，狼狽不堪地返回橫濱總公司時，已經比規定時間晚了一天；更讓他們丟臉的是，那個「稽查人員」已在公司恭候！

原來，那個「稽查人員」就是那個在飯館裏吃飯、在汽車裏睡覺的第三位青年。他的投資是用一百五十日元做了一個袖標、一枚胸卡，花三百日元從一個拾荒老人那兒買了一把舊玩具手槍和一把化裝用的絡腮鬍子。當然，還有就是花一千五百日元吃了頓飯。

這時，公司面試主管走出來，一本正經地對站在那裏怔怔發呆的「盲人」和「募捐人」說：「企業要生存發展，要獲得豐厚的利潤，不僅僅是會吃市場，最重要的是懂得怎樣吃掉市場。」

在充滿競爭的社會裏，在推銷自己和經營事業的時候，不要指望和別人和平相處，這樣的想法會讓你不思進取，你必須戰勝對手，不然的話你就會被社會埋沒、被對手吃掉。

競爭是一種十分殘酷的東西，它不留情面，不循常理。故事中第一位和第二位青年便沒有真正理解競爭的含義。按常理看，他們做的也很不錯，有效地利用了手中的資金，並想出了巧妙的賺錢辦法（賣藝和募捐）。可惜的是，他們的眼睛只盯著市場而忽略了危險的競爭者。第三位青年是一個真正的聰明人，當他的對手忙於賺錢時，他卻在悠閒地養精蓄銳，然後再想辦法出其不意地吃掉對手，可以說他是一個把競爭精神貫徹到底的人。

競爭就是這樣，不是你「吃掉」別人就是被別人「吃掉」。如果腦袋裏不繃緊了「競爭」這根神經，就會容易中暗算、吃大虧。市場是一塊大蛋糕，它不可能被平均分配，在只有幾個人分享它的時候，大家或許可以和平共處、雙贏互利；但到了僧多粥少的時候，競爭就變得和市場同樣重要，有能力戰勝對手的人就是勝利者，反之就會被淘汰出局。

小結語

生活中，我們可能會遇到各式各樣的競爭，職場上的、愛情中的……我們在提高自己實力的同時，千萬不能忘了防範和反擊競爭對手，否則，你就會成為失敗者。

◎誰也不會踢一隻死狗

美國曾有一位年輕人，出身寒微，依靠自己的努力，在三十歲時當上了全美知名的大學校長。這時各種攻擊落到他的頭上。有人對他的父親說：「看到報紙對你兒子的批評了嗎？」他父親回答說：「我看見了，真是尖酸刻薄。但是記住，沒有人會踢一隻死狗的。」

卡內基很讚美這句話，他說：「愈是具有重要性的『狗』，人們踢起來愈感到心滿意足。」所以，當別人踢你，惡意地詆毀你時，那是因為他們想藉此來提高自己的重要性。當你遭到詆毀時，通常意味著你已經獲得成功，並且深受人們注意。

身處社會中，偶爾遭到某些人的惡意攻擊是不可避免的，但我們不能讓這種攻擊干擾了我們的心態和生活。

惡意的批評通常是變相的恭維，因為沒有人會踢一隻死狗。

美國獨立運動的奠基者、美國第一任總統華盛頓，也曾被人罵「偽善者」、「騙子」、「比殺人凶手稍微好一點的人」。對於這些污蔑，華盛頓毫不在意，事實證明他是美國歷史上最具影響力的人物。

明代屠隆在《婆羅館清言》中說：「一個人要實現自己的理想，要找到真理，縱然歷經千難萬險，也不要後退。奮鬥的過程中，要用堅強的意志來支撐自己，忍受一切可能遇到的屈辱，只要堅持下去，就能取得成功。艱難羞辱不但損害不了你人格的完整，還會使人們真正瞭解你人格的偉大。重要的是，在遭遇苦難侮辱時，把這一切都拋諸腦後，得一份清爽的心情。」

屠隆的話是告誡我們，當面臨無恥之徒的惡意詆毀時，你的態度應該是置之不理。

有些人對那些無中生有的污蔑表現得異常激憤，甚至反唇相譏，其實那都是沒有必要的。如果換一種角度來看，那些遭人詆毀的人反倒應覺得慶幸，因為正是你極具重要性，別人才會去關注、去議論、去污蔑。所以不要理會這些無聊的人，事實自會讓流言不攻自破。

有位朋友對小仲馬說：「我在外面聽到許多不利於你父親大仲馬的傳言。」

小仲馬擺出一副無所謂的樣子回答：「這種事情不必去管它。我的父親很偉大，就像是一條波濤洶湧的大江。你想想看，如果有人對著江水小便，那根本無傷大雅，不是嗎？」

聽到別人的流言蜚語，再三客觀地分析、判斷之後，只要認為自己的做法合理，站得住腳，那麼大可以堅持到底，不必妥協。

美國總統羅斯福的夫人艾蓮諾曾受到許多攻訐，但她都能夠泰然處之。她說：「避免別人攻訐的唯一方法，就是你得像一只有價值的精美的瓷器，有風度地靜立在架子上。只要你覺得對的事，就去做——反正你做了有人批評，不做也會有人批評。」

林肯曾就那些刻薄的指責寫過一段話，後來的英國首相邱吉爾把這段話裱掛在自己的書房裏。林肯是這樣說的：「對於所有攻擊的言論，假如回答的時間大大超過研究的時間，我們恐怕要關門大吉了。我竭盡所能，做我認為最好的，而且我一定會持續直到終了。假如結局證明我是對的，那些反對的言論便不用計較；假如結局證明我是錯的，那麼，縱有十個天使替我辯護，也是枉然啊！」

其實，做人就應如此「益則收，害則棄」。對於正確的批評，我們應該歡迎，哪怕言辭激烈或只有百分之一的正確。但對於純屬惡意的人身攻擊、誹謗、詆毀、中傷，我們如果不想被它所害，那就只有不去理會，像魯迅所說的：最高的輕蔑，是連眼珠子都不轉過去。

小結語

不必太在意別人的攻擊，事實會說話，時間會說話。更何況別人攻擊你，說明你至少有被人攻擊的價值。所以先不要去反擊，這樣你反而會不戰而勝。

◎別掉進讚美的陷阱

一隻烏鴉從村子裏偷了一塊乳酪，牠飛到一棵樹上正準備享受美食，樹下卻傳來了一聲問候：「烏鴉妹妹，你早啊！」烏鴉往樹下一看，原來是狐狸。狐狸繼續說：「烏鴉妹妹，一大早站在樹上是準備練嗓子嗎？說真的，我一直認為你唱的要比百靈鳥好聽多了！」烏鴉沒有回答，心裏卻高興起來。「唉，你那甜美的嗓音，悅耳的腔調，簡直讓人難忘。烏鴉妹妹，你真的不肯開口唱一曲嗎？」烏鴉這時已經完全陶醉在狐狸的甜言蜜語裡。牠開口唱了起來：「嘎……」乳酪應聲掉在地上。說時遲那時快，狐狸一口叼起乳酪，一溜煙就跑掉了。

人人都喜歡別人讚美自己，於是有的人就利用人們的這一心理特點，佈下了一個甜美的陷阱。他們獎勵你的錯誤，讚美你的缺點，對你的一切行為都不加選擇地讚美，很多人都因為沈浸在甜言蜜語裏而迷失了自己。

在寧靜的鄉村裏，有一棵枝葉茂盛的大榕樹。在這棵榕樹下有幾張石椅，村民總是於夏日午後來此納涼。

一天中午，薰風習習，有個滿頭白髮的老先生正在樹下乘涼。在陣陣微風吹拂下，老先生忍不住昏昏欲睡。忽然，有水滴從天而降，淋得老先生全身都濕了。他抬頭一看，原來不是雨滴，而是樹上有個小男孩正在他的頭上撒尿，還對他惡狠狠地扮了一個鬼臉。

「臭小子，你居然在我頭上撒尿！下來，看我不揍你一頓才怪！」老先生指著小男孩大罵，還氣得渾身發抖。

誰知小男孩一點也不害怕，還頑皮地吐舌道：「嘻嘻，我才不怕你呢！有本事，你爬上來啊！」

老先生氣得說不出話來，隔了一會兒，只見他顫抖著手，從口袋裏拿了一個十元硬幣，並放在石椅上，對小孩子說：「好小子，你有種！算我服了你，小小年紀就天不怕地不怕，將來一定有出息！天氣這麼熱，這十塊錢我請你吃冰棒吧！」

老先生說完後，便拄著拐杖，頭也不回地走了。

等老先生一走遠，小男孩便俐落地從樹上跳下來，開心地拿起老先生留下的十塊錢，心想：「在人家頭上撒尿，還能得到錢，這個遊戲真是不錯！」

嚐到甜頭的男孩，第二天故技重施。這回，樹下是一個中年人，小男孩照例對準中年人的頭上撒尿。

看著樹下氣得七竅生煙的中年人，這個頑皮的小男孩又挑釁地說：「有本事你上來啊！」

沒想到這個中年人二話不說，立即爬到樹上，將小男孩揪了下來，狠狠地痛打了一頓。

每個人都喜歡被讚美，然而，在這麼多歌功頌德的讚美裏，我們是否能認清哪些是發自真心?還是大多數都只是些客套話?

過度的讚美是另一種虛偽的表現，所以不要只挑好聽的話聽，也不要老是沈浸在甜言蜜語裏，因為這些都會使我們迷失方向。

針對值得讚美的地方毫不吝嗇的讚美，是增進人際關係的良性互動;但如果過度讚美就是虛偽的表現了。小男孩就是因為對讚美的真偽沒有判斷清楚才落入了老先生的陷阱。是不是只有小孩子才會犯這個錯誤呢?那可不一定啊!

有一年，俄羅斯總統葉爾欽決定，這年夏天要在鄰近芬蘭的度假勝地卡雷利亞的北部度假，而且在這段休息的時間內，他每天都會去釣魚。

接到消息的當地官員，為確保總統能夠釣到魚，便暗中在烏克蘇澤羅湖裏放入一萬條魚。

這個消息是卡雷利亞漁業委員會的一名官員透露的，他說:「這是市政府為確保總統能愉快地度假，要求我們做的。」

這名官員還得意的說：「其實，葉爾欽總統一點也不善於釣魚。不過，第一天他居然釣了二十多條魚，第二天他更是釣了三十多條，這樣的釣魚技術令當地的漁民驚訝不已，也獲得眾人一致的讚美。」

當然，關於這個安排，葉爾欽本人事先毫不知情，因此他為自己的傑出表現感到沾沾自喜。

莎士比亞曾說：「對你恭維不離口的人，不一定是真正的患難朋友！」

老布希總統卸任後，有一天突然有感而發的說：「自從卸職後，我才發現，比我會打高爾夫球的人居然這麼多。」就如老布希在卸任後的體會，當人們有求於我們，或是對我們別有企圖時，他們對待我們的方式，只有「迎合」兩個字。於是，我們在迎合的遮掩下，看不見自己的缺點，也無法讓自己有任何成長。所以，我們必須試著保持客觀的判斷力，聽出人們讚美的虛實，只有這樣我們才不會被甜言蜜語所蒙蔽。

小結語

言不由衷的誇大讚美，是許多喜歡奉承的人慣用的方式。過度讚美別人會損害我們的人格，不加選擇地接受讚美，會給我們帶來無法彌補的嚴重後果。所以給人合適的讚美，和懂得聆聽真心的讚美，對每個人來說都是非常重要的。

◎感謝踢你一腳的那個人

一隻老虎要追一頭驢，卻雙雙掉進了一個深深的陷阱裏。老虎狂蹦亂跳了半天也沒上去，牠只好無奈的趴在地上喘息。牠看了看站在一邊發抖的驢，牠現在倒不著急吃這隻驢了，牠心想：「臨死前總得給自己找點樂趣吧！」

「蠢驢！」

老虎做出一副惡狠狠的樣子，「都是因為你，我才會掉進陷阱，看你現在往哪跑。我要把你啃的連骨頭都不剩！」牠伸出利爪就朝驢抓去，一下子把驢屁股劃出幾道深深的血痕。

「啊！」

驢慘叫了一聲，奮力一躍。接著驢子發現自己已經站在堅實的草地上了。

生活中，我們有時難免會碰到一些心存惡意的人，他們會不由分說就抓你幾把、踢你一腳。不要憎恨他們，因為有時候這種傷害會成為你成功的動力。

一個美麗、富庶的國家裏，國王唯一的女兒已經到了適婚的年齡，但卻一直沒有找到意中人，國王為此十分著急。終於，公主提出了自己的擇偶條件：「這個人必須是全國最勇敢的年輕人！」

國王決定辦場比賽來招親。

比賽規定：凡第一個跑過城外一百公尺平地和游過五十公尺護城河的便是冠軍。冠軍者，可任選「良田萬畝」、「黃金萬兩」或成為「公主駙馬」。

宰相一聲令下，成千上萬的勇士們如脫韁野馬般往前跑。等許多人跑到護城河邊，眼前的景象讓所有人目瞪口呆——幾百條鱷魚在河裏張牙舞爪地游著！

一分鐘、二分鐘、三分鐘，沒有一個人敢往下跳，五分鐘過去了，場上還是寂靜無聲。正當大家無比失望之際，就聽「撲通」一聲，一名男子跳下護城河並拼死往前游。國王興奮地大呼：「加油！加油！」所有在場的人也放開嗓門為勇士喝彩。

奇蹟出現了。小伙子滿身鮮血、全身衣服無處不爛，可以說是九死一生，但居然游過了護城河。

小伙子的勇敢震懾了所有的人，國王激動的緊緊握住了小伙子的手。丞相則畢恭畢敬地對小伙子說：「年輕的勇士，你可以任意選擇國王為你而設的三個獎項，請問，你想要良田萬畝嗎？」

小伙子拼命地搖頭。丞相又問：「那你是想要黃金萬兩吧？」

小伙子頭搖得更厲害了。

丞相笑了：「年輕的勇士，你不但擁有神將般的勇氣，而且還擁有上帝般的智慧。你一定是選擇第三條，要做我國的駙馬爺。那麼，你不但可以有良田萬畝、黃金萬兩，同時還可以得到世上最美麗的妻子。是嗎？」

氣喘吁吁的小伙子，費力的挺了挺身子，啞著聲音說：「不！」全場的人都楞住了，小伙子接著轉過身，向群眾大吼：「剛才是哪個王八蛋把我踢下水去的」

這個故事的結尾似乎有點可笑：唯一的一個「勇敢者」，是因為被人踢了一腳才游過護城河的。這個讓他憤怒至極的意外，卻幫他成為了大英雄。故事中那個「勇敢」的小伙子如果真當了駙馬，那他就應該感謝那個踢他下水的「王八蛋」才是，因為正是那一腳給了他機會和勇氣。如果沒有人踢那小伙子一腳，他也沒有勇氣跳進滿是鱷魚的護城河，更不可能摘到勝利的果實。

生活中，常聽到有人抱怨：「這件事本來可以做好的，怎麼會失敗了呢？」這樣抱怨的人在做事的時候一定是懷著這樣的想法：這件事即使做不好也沒關係，我還可以……正是因為你給自己留了後路，做起事來才不會全力以赴，如果當時有人狠狠「踢」你一腳的話，你就會不顧一切奮勇向前了。

有一家人住在一所破舊的房子裏，一天晚上，一個無賴用火燒了他們的房子。他們一家人是毫無損傷，但房子卻被燒的一乾二淨，而冬天馬上就要到了。看著家人難過的樣子，父親很快振作了起來：「大家一起動手吧！我們要儘快住進新房子裏。」在一家人的努力下，房子很快蓋好了。聖誕夜大家坐在又大又暖的新房子裏吃晚餐的時候，父親說：「讓我們一起為點火燒我們舊房子的人祈禱吧！如果沒有他，我們現在還住在透風的舊房子裏呢！」

當這家人還有舊房子住的時候，他們可能也考慮過建新房子的問題，只不過惰性使他們擱置下了這個問題；房子被燒之後，拆不拆舊房子的顧慮和建不建新房子的猶豫一下子就沒有了。

一無所有時，也就沒有了選擇的猶豫，沒有了再固守現狀的可能，你唯一需要做的、唯一能做的就是勇往直前，並做到最好。

小結語

希望在每個關鍵時刻，都有一個「王八蛋」來狠狠踢你一腳，幫你大膽地邁開步伐，走向你渴望已久的成功。

◎遷就別人要有底限

一個人出門去旅行，走啊走，走的腳都起泡了。腿開始大聲向主人抗議：「停下來！為什麼受累的只有我，你為什麼不試試讓手走路？」「可是手本來就不是用來走路的呀！」主人為難的說。但在腿的堅持下，他只好趴在地上，用手艱難的往前走，不一會兒手就磨破了，手也朝主人發起火來，正在這時，一個騎著馬的人從後面趕來，看到走路人的窘狀，就說願意把馬讓給路人騎，但希望路人送他一條腿。那個人本來堅決不同意，但在手和腳的勸說下，他還是割了一條腿。當然從此以後他再也不能從馬上下來走路了。

一個人總要有自己的原則、自己的立場，不能只一味遷就別人，一點主見也沒有。這裏的原則既包括辦事的方法，也包括日常生活中為人、處事的立場、原則，少了哪個都會給你帶來困難，並將影響你的生活。

工作辦事沒有自己的方法，只聽命於他人，別人怎麼說自己就怎麼做；如果別人說得對還好，假若別人說得不對，而自己又不動腦筋，走錯路、浪費時間不說，有時難免要犯錯誤。

舉個簡單的例子：某個人想挖魚池養魚。有人建議底部要鋪上一層磚，這樣既乾淨又省水；又有人建議說，不能鋪磚，鋪了磚，魚就接觸不到泥土，對魚的生長不利；還有人說……於是，這位養魚者開始左右為難了，也不知該聽誰的好。最後，事情就此擱了下來，最終放棄了計劃。

當然，這只是個簡單的例子，生活中有許多事情要複雜得多，而且有些事情沒有猶豫的時間，這就更需要我們要有自己的方法。既然別人的意見也不一定正確，為什麼不試試自己的辦法呢？

老胡沒別的毛病，就是天生的耳根子軟，別人說什麼他就聽什麼。比如說中午訂便當，同事問老胡吃什麼，他猶豫的想了一會兒說：「吃肉絲炒飯吧！」同事一聽：「肉絲炒飯有什麼好吃的？牛肉燴飯好吃多了吧！」，老胡便連忙點頭嘖嘖稱是。

不但生活中這樣，工作中也是這樣。他從來都提不出什麼像樣的意見，什麼事都聽人家的。所以公司開會時，老胡永遠是坐在角落裏發呆的那一個。

前不久，老婆終於受不了要跟他離婚，行李一帶就轉身回娘家了。而起因只是一卷壁紙：老婆嫌臥室裏的壁紙太舊了，想換上新的，但剛巧身體不舒服，就讓老胡一個人去買。出門前一再囑咐老胡，要他一定要按照家具的顏色搭配著買。可是，老胡卻禁不住售貨小姐的慫恿，買了一種深藍色直條紋的壁紙，貼上以後，老婆總覺得自己像是睡在監獄裏。她覺得老胡這人太沒用了，很多同事都利用他的好說話，占他的便宜，上司也把他當軟柿子捏來捏去……現在連售貨小姐也把他當「冤大頭」。老胡太太覺得日子再也沒法過了，老婆憤怒地收拾細軟，決定離開這個家。老胡只能坐在沙發上唉聲嘆氣。看來他耳根子軟的毛病是改不了了！

社會太複雜了，過於遷就別人的人很容易就會吃虧，很多人排隊等著算計這種老實人呢！辦事沒有原則，總是一味地遷就、順從別人。由於自己沒有立場，所以很容易被他人所誘惑或利用。

遷就別人，表面看來是和善之舉，但實際上則是軟弱的表現。軟弱到一定程度，就會逐漸失去自信心，而沒有自信心的人是很難成就什麼大事業的。有時，性格上的自卑和懦弱，也表現為沒有自己的立場和觀點。自卑，就會覺得處處不如別人，怯懦則往往會導致卑微。時時看著別人的臉色行事，怎麼能走自己的路呢？

沒有原則的人往往禁不住他人的誘惑，什麼事情最初還能遵循自己的原則，但經別人三言兩語一說，馬上防線就崩潰了。舉個日常生活中最簡單、最普遍的小例子：拿喝酒來說，幾個朋友坐在一起，常常要推杯換盞，邊喝邊聊。一開始還堅持只喝三杯，不過幾杯黃湯下肚之後，又在朋友的遊說之下，什麼三杯原則，五杯又如何？於是，原則丟在了腦後，放開肚子喝了起來。其結果常常是酩酊大醉，誤了其他的事不說，對自己的身體損害極大。

所以，做什麼事情都要有個限度，否則就是沒有原則。做事沒了原則，只會帶來不良後果，絕不會有什麼好結局的。

古代寓言記載，誰能解開奇異的高爾丁死結，誰就注定成為亞洲之王。許多人試圖解開這個複雜、神秘的結，但沒有一個人成功。

後來亞歷山大決定試一試。他想盡辦法要找到這個死結的線頭，結果還是一籌莫展。後來他說：「我要建立我自己的解結規則。」於是，他拔出劍來，將結劈為兩半。最後，他成了亞洲之王。

亞歷山大之所以成功的做了亞洲之王，就是因為他有自己的方法，創立了自己的規則，他絕不是沒有主見、沒有辦法之人。因此，做什麼事情都要動腦筋，不要輕易聽從他人，要有自己的一套規則。這樣，你將會收到意想不到的效果。

小結語

不要輕易遷就別人，每個人都有自己的立場和方法，做事時應該多堅持自己的意見，不要輕易改變立場，這樣你才可以抵制那些企圖誘惑你、改變你的人，走出一條真正屬於你自己的道路！

◎不得不背的黑鍋

黑鍋是沒有人願意背的，但有時候有些黑鍋雖是別人強加給我們的，我們卻也不得不背。比如說為了維護上司的威信或是為了維護比名譽更重要的事情的時候。

上司的「威信」，說到底是由自己樹立並維護的。然而，下屬有時對上司樹立並維護威信起到極其重要的作用；有的上司想不到的，下屬就要替上司想到；上司做不到的，也要替上司做到。上司一旦發現你的用心良苦，定會對你感激涕零。

艾琳正忙著繕打總經理交代下來的文件。總經理就要出國談生意了，忙著準備資料、看資料。總經理特別交代艾琳，沒什麼事就別煩他，任何人他都不見。

接近中午時分，一個素以愛找麻煩出名的客戶——李董來訪，指明要找總經理。艾琳先熱情的招呼他坐下，便藉故走到總經理的辦公室請示。總經理一聽到是李董，心想，如果跟他見了面，恐怕一個下午就泡湯了，他想到那麼多的事情要處理，便簡單地對艾琳說：「告訴他我不在。」

艾琳回到自己的座位，便笑著對李董說：「真是抱歉，我們總經理不在，您有什麼事我可以幫你轉告。」李董找不到人，也只好悻悻地離開。

過了約半個鐘頭，艾琳離開座位正要去茶水間，居然在走廊看到李董正拉著總經理講話。

李董：「剛剛你們小姐還跟我說你不在呢！」

總經理：「我一直都在，只是正好她沒看見吧！」

原來，李董離開後並未立即離開，遇到了一個業務經理，便在走廊上聊開了。剛巧總經理正好要去洗手間，兩人便在走廊上遇到了。

事後，李董逢人便說艾琳的不是，說艾琳欺上瞞下、不尊重客戶。艾琳剛開始感到很委屈，後來一想，總經理這樣做也是出於無奈。況且總經理待她一直很好，為了維護總經理在客戶面前的形象，有些委屈是必須忍耐的；從此，她的心更開闊了。

下屬根據上司的意圖，以各種方式回絕來訪，有時是工作需要。艾琳尊重上司的意圖，處理此事無可厚非；尤其難能可貴的是，她在遭人誤解時，也能從大局出發，坦然處之。

另外，有一種情況是：如果背上黑鍋只會損害你的聲譽，但卻可以救他人時，你不妨吞下這口冤枉氣！反正事情總會有真相大白的一天，到時候你的雅量，會為你換來別人更多的尊敬！

日本的白隱禪師，是位品德高尚的修行者，受到鄉里居民的稱頌，大家都認為他是個可敬的聖者。

有一對夫婦，在白隱禪師的住處附近開了一家麵店，家裏有一個漂亮的女兒。不料，有一天，夫婦倆忽然發現女兒的肚子無緣無故的大起來。這種見不得人的事，使得她的父母震怒異常！好端端的黃花閨女，竟做出如此不可告人的事。父母一直逼迫女兒，要她說出小孩子的生父是誰？要不然就要打死她。在父母的逼問下，她起初不肯招認那個人是誰，但經過一再的苦逼，女兒情急之下，只好吞吞吐吐說出：「白隱」兩字。

她的父母怒不可遏地去找白隱理論，但這位大師不置可否，沈默不語。

孩子生下來後，就被送給白隱。此時，他的名譽雖已掃地，但他並不以為然，只是非常細心的照顧孩子──他向鄰居乞求嬰兒所需的奶水和其他用品，雖不免橫遭白眼或是冷嘲熱諷，但他總是處之泰然，彷彿他是受託撫養別人的孩子一般。

事隔一年後，這位小媽媽，終於不忍心再欺瞞下去了。她老實的向父母吐露真情：孩子的生父是在魚市工作的一名青年。她的父母立即將她帶到白隱那裏，向他道歉，請他原諒，並將孩子帶回。

白隱仍然是淡然如水，他沒有表示些什麼，也沒有乘機教訓他們；他只是在交回孩子的時候，輕聲說道：「就是這樣嗎？」彷彿不曾發生過什麼事。

白隱這一德行，贏得了人們更多、更久的稱頌。「就是這樣嗎？」只此一句話，無數的干戈都化成了片片的玉帛。

白隱禪師背上黑鍋，卻救了那個女孩，有人可能會覺得白隱太傻，這種吃虧的事都肯做。但是仔細想一想，名譽和生命到底哪個重要呢？

小結語

在被人誣陷時保持沈默，實在是一件很困難的事，但權衡一下當時的情況，可能背起黑鍋是你唯一的選擇。背起黑鍋，你會犧牲很多，但你也會因此得到更多！

◎當有人對你惡意挑釁

英國詩人拜倫在上小學時，因跛足很少運動，身體虛弱，連走路都困難。

一天，幾個健壯的同學在操場上踢足球，拜倫在旁邊出神地觀看。他有驚人的想像天賦，當他看著其他同學踢球時，他邊在自己的腦海裏想自己該怎樣攔截、搶球、射門，臉上不時呈現出緊張、惋惜、欣喜的神色。就在他自我陶醉的時候，一個健壯而頑皮的同學硬是拉他去踢球。拜倫不肯，那個同學眼珠一轉，想出了一個壞主意。他惡作劇地找來一只籃子，強迫拜倫把一隻腳放進去，「穿」著這只籃子繞操場一週。當時拜倫真想撲上去跟他好好打上一架。但他怎麼打得過高大健壯的同學呢？無奈之餘，只好忍氣吞聲地把竹籃穿在腳上，一瘸一拐地繞操場走了起來。其他同學們看了笑得前仰後合，而那位惡作劇的同學更是開心得手舞足蹈。

但這次當眾受辱的經歷，徹底改變了拜倫日後的命運。他意識到一切不公都來自於自己的體弱。於是，這個意志堅強的人努力鍛鍊自己的身體。一年半以後，他的體質明顯增強了，手臂上的肌肉也凸了起來。在球場上，漸漸也能像跑步選手那樣連續不斷地奔跑。

不久，他參加了學校運動會的拳擊項目，恰巧他的對手就是當初那位惡作劇的同學。他們雙方激戰相持了很久，最後，拜倫一個勾拳，擊中對方的下巴，把他打倒在臺上。

觀眾為拜倫的意志、力量和永不服輸的精神深深感動，他們歡呼著將拜倫拋向空中。

面對侮辱，與其出言反駁，還不如用實際行動反擊。

生活中有些侮辱可能是別人無意中附加給我們的，而有的時候，卻是來自別人惡意的挑釁。這時候我們無須在意別人的挑釁，只須將他們對自己的侮辱轉化為激發自己前進的力量。

當拜倫遭到同學的惡意挑釁時，他沒有衝動地撲上去，這是因為他知道自己還太弱。他當然也可以斥責那位同學，可以和他吵架，但無論怎麼做都不能換回自己失去的尊嚴，而且很可能還會惹來更多的侮辱。拜倫為我們做出了一個榜樣——身為弱者，要能忍別人難以忍受的折磨，能屈能伸，不斷地積蓄力量，增強忍耐力和判斷力，這樣才能取得最後的勝利。

小結語

生活中，我們常會遇到別人的挑釁，很多人按捺不住脾氣，就硬對硬，不管三七二十一，死了也悲壯。這固然表明一個人的勇氣和自信，但事情往往會因此變得更糟糕，毫無價值的犧牲，最終受害的是自己。所以遇到別人的挑釁，唯一的辦法就是儘量忽視它，韜光養晦，在自己有能力的時候，再出手一擊，用你的實力來證明你的骨氣。

◎不要奢望與人一起共富貴

一個人養了一隻十分乖巧的鸚鵡。有一天這個人出去跟人賭博，結果傾家蕩產，連褲子都輸給人家了。他回到家裏失聲痛哭，鸚鵡安慰他說：「主人！振作點，你還年輕，大有可為啊。我以後每天只吃一頓飯，咱們一起努力吧！」這個人很感動，決定振作起來，發憤圖強，若干年後他終於成了當地大富豪。那隻鸚鵡被高高掛在客廳裏，牠十分滿意目前的生活，如果有客人來，牠就會再一次講述自己激勵主人奮鬥的故事。有一天家裏來了個陌生人，主人把鸚鵡扔給那個人說：「快點！把牠賣得越遠越好，我不想再看見牠！」

不要以為你幫人打下天下，你就是功臣，理所應當的與人共富貴。正所謂「狡兔死，走狗烹」，每個老闆都可以跟你共患難，但很少有能跟你共富貴的。

高先生今年四十歲，剛離開他待了十五年的公司。十五年前，他到一家小電器行工作。高先生忠誠能幹，甚得老闆的器重，高先生頗有「士為知己者死」的豪氣，每天賣命的做，老闆也未虧待他，二人情同手足，業務也因此而一日千里。

後來公司擴大，開始進口外國家電，高先生花了半年時間建立了全省的經銷網，可說備嘗艱苦。老闆對他的表現也相當滿意，待遇、紅利也一年比一年給得多。

沒過幾年，公司開始穩定成長，高先生以為他混得差不多了，開始把擔子放了下來，不時還出國散心。在老闆的指示下他把很多重要的工作交了出去，成為一個「德高望重」的「長老」。高先生也對他能在立下戰功之後享「清福」大為滿意，誰知半年後，老闆拿了一張支票放在他的桌上，要他離開這家公司……高先生萬分不情願，可是也不得不離開。

在這個故事中，高先生就成了被「殺」的功臣。

高先生的遭遇固然很令人同情，但他也有需要自己檢討的地方。比如他天真的認為自己有大功於公司，就該得到最好的待遇；他相信自己對老闆忠誠，老闆就該對他有情有義。要知道不是每個人都會這樣按牌理出牌，否則哪來那麼多「殺功臣」的事。

為什麼與人共富貴那麼難呢？為什麼「功臣」常常有被「殺」的下場呢？

就「老闆」這邊來說，有的純粹是基於私利，不願「功臣」來分享他的利益，搶他的光芒，所以「殺功臣」；有的老闆為了保持「天下是我打的」的絕對成就感，所以「殺功臣」；更有的認為「利用」完了，再也不需要這批當年共打天下的「戰友」，所以「殺功臣」。

就「功臣」這邊來說，有的「功臣」自以為幫老闆打下天下，如今「天下太平」，自己就可以握重權，領高薪，甚至「威脅」老闆順從自己的意志；有些「功臣」因為的確「功績不凡」，頗受屬下愛戴，因而結黨營派，向老闆「勒索」利益；有的「功臣」則不斷對外炫耀自己的功績，忘了「老闆的存在」……

也就是說，功臣讓老闆產生威脅感、剝奪感，老闆自尊被損，又不願功臣成為負擔，從私心考慮，於是不得不假借各種名目把「功臣」殺了。說句老實話，有時候「功臣」還不得不殺，因為有些功臣在立下「戰功」後，會認為自己的功勞天大地大，其囂張跋扈反而成為大局的危險因素，殺了他，反而可使大局清明穩定。

不過，再怎麼說，「殺功臣」之事總是令人傷感，而一個人若有能力，也不必避諱當「功臣」，倒是「天下」打下來之時，自己的態度要有所調整：

一．急流勇退，另謀出路。功臣不全然會被殺，但被殺的可能性永遠存在，因此與其待得越久，危險性越高，不如在老闆還珍惜你時，以最光榮風光的方式離開，為自己尋找另一片天空。也許你走不掉，至少這個「退的動作」也是表態，老闆會欣賞你這個動作的。

二．隱姓埋名，不提當年勇。也就是說，如今只有老闆的名字，你的名字「消失」了，一切「榮耀」歸於「老闆」，你從此「沒有聲音」，也不可提當年勇；你一提，不就在和老闆爭鋒頭嗎？他是不會高興你這麼說的。

三．淡泊明志，終生為「臣」。利用各種時機表現自己的「胸無大志」，無自立為「王」的野心，永遠是老闆的人。你若野心勃勃，老闆怕控制不了你，又怕商機被奪，遲早會對你下「毒手」。

四．與時俱進，自顯價值。很多功臣認為「理所應得」多得利益而不做事，然後成為退化的一群，因而被「殺」。因此要保全，必須隨時顯露自己的價值，讓老闆覺得少不得你，否則一旦成為「廢物」，就會被當成「垃圾」丟掉，誰會在乎你曾是「功臣」呢？

小結語

當你的功勞大到無以復加的時候，當「老闆」不得不肯定你的功績的時候，你就該小心了，千萬別犯高先生那樣的錯誤，要記住不是每個人都能跟你共富貴的。

你早該知道：

每個人都有自私的一面

很多人都相信，
「朋友如手足」，「出門靠朋友」……

但是我們也應該明白，
每個人包括我們自己都有自私的一面，
事過境遷、背信食言者比比皆是，
忘恩負義、以怨報德者又算什麼稀奇。
吃喝一家的是朋友，
趣味相投的是知己，
親密無間的是知音，
合作共謀的是莫逆；
平日　大家把酒言歡，
但一旦觸及個人的利益，
他人也會給你來個「翻臉不認人」。

所以不要太相信別人，
多一點防人之心總是不會錯的。

●◎未可全拋一片心

一隻母野鴨和一條大花蛇成了鄰居，野鴨非常熱心，牠想「遠親不如近鄰」，如果搞好鄰里關係，有事還可以彼此照顧。於是它就經常給大花蛇送點點心什麼的，大花蛇對野鴨也很熱情，一口一個「大姐」，嘴甜著呢！

一段時間後，野鴨當媽媽了，六隻小野鴨在窩裏跑來跑去，可愛極了。附近的食物吃得差不多了，野鴨媽媽想去遠處給孩子們找食物，但又擔心孩子的安全。正在為難時，大花蛇跑來了，自告奮勇地要照顧小野鴨：「大姐，你去找食物吧！我幫你看著孩子！你看牠們多可愛呀，我這個當舅舅的一定會照顧好牠們！」野鴨媽媽聽信了花蛇的話，就放心地出去找食物。

傍晚，野鴨媽媽終於滿載而歸，可是窩裏卻是空空的。小寶寶哪裡去了?野鴨媽媽放下食物，就趕快去找鄰居花蛇，一進門就看到花蛇躺在床上，肚子鼓鼓的，嘴邊還沾著小野鴨的羽毛呢！野鴨媽媽憤怒地哭罵起來，花蛇卻無賴地拍拍肚子說：「大姐，別哭了，牠們還不是一隻沒少嗎?說真的，你什麼時候再生一窩，牠們的味道好極了！」

每個人都渴望有一個知心的朋友，但人性是複雜的，知人知面不知心。當你真心真意地去對待別人時，很可能會遭到對方的欺騙或背叛，所以與人交往時還是保留一份戒心吧！

野鴨會失去孩子就是因為她太早撤去了對朋友的戒心，竟然在不瞭解花蛇本性的情況下，就將自己的孩子託付給它。有的人可能會覺得野鴨傻的可笑，但在生活中，也有不少人會犯類似的錯誤。

小磊是一個開朗、熱情、待人真誠的人。大學剛畢業，他滿懷理想、抱負去一家公司擔任程式設計。可能因為年輕，他把每一個人都當作是自己的朋友。

有一次，公司將一個軟體設計的任務交給了他的另一個同事，他的這位同事看上去挺和善的，小磊對他絲毫沒有防備，所以有什麼話都對他說，包括家裏的大小事情。

那一次的任務，那位同事思考了好長一段時間也沒能做出公司要的東西。小磊想到自己曾經接觸過這類設計，便毫無保留的說出了自己的想法、提供意見；並且還邀他到自己的家裏一塊研究、測試。後來設計成功了，大家都很高興。可是，在宣布「有功者」時，卻沒有小磊的名字。

古人一再告誡我們「逢人只說三分話，未可全拋一片心」，但社會上卻還是有很多像小磊這樣不知江湖險惡的年輕人，跟人家還沒有接觸多久，就把自己的「真心」交了出去，如果僥倖碰上的是誠實可靠的人，你把所有事都告訴對方，對方可能會因此和你結成好友，與你推心置腹。但如果你像小磊一樣碰上的是一個老成世故的人，你的真心就會被人利用。

所以如果和人初次見面，或才見過幾次面，就算你們一見如故，也不應該一下子就把你的心掏出來，也就是說：對還不瞭解的人，無論說話還是辦事，都要有所保留。

友誼的發展都是漸進式的，與其一下子掏出心來，還不如慢慢觀察對方，有了瞭解之後再交心。你可以不虛偽、坦坦蕩蕩，但絕不能太快把感情投入進去，給自己多留一點時間思考，會讓你更好地保護自己。

初入社會的年輕人尤其要注意這一點，因為有人會故意利用年輕人的真誠和熱情。他們會把自己打扮成一個親切的長輩，幾句話就會讓你把心掏出來。而他們可能完全不「掏心」，又或者乾脆掏一顆「假心」給你，等你走進他們的圈套，你的日子就不好過了。

小結語

在待人處世中，對剛認識的人尤其是對那些摸不清底細的人，千萬不要輕易「交心」，對他們太過老實厚道，吃虧受傷害的將是你自己。

◎人性裏的悲哀

有一個小漁村，一個年輕的小伙子捕到了一條鯨魚。他想起住在隔壁村裏那個已出嫁的姐姐，她的生活很困難，便讓自己的妻子去通知姐姐，過來吃一頓。正巧他姐姐那天釣到了一些小鱈魚，正坐在桌邊吃著，一抬頭看到弟妹從遠處走來，生怕是弟弟派來借糧食的，便一口把那些魚全吞了下去。等弟妹說明來意，她便興高采烈跟著弟妹準備去吃鯨魚，但半路上，哽在喉嚨裏的魚刺實在咽不下，她就被活活噎死了。

人性裏有很多缺陷，「自私」就是最令人覺得悲哀的一個。自私的人凡事都想著自己，不顧別人。自私常會導致惡果，不肯和人一起分享只會讓你失去更多。

有一個村莊座落在海邊，村民們平時務農，有時也到海裏捕魚。一天，村裏的一位漁夫帶著兒子來到與海相通的大湖邊。他想，這個湖既然與海相通，可能會有很多魚，於是他就在湖邊開始釣魚。他剛把釣鉤扔進湖裏，就鉤住一個很重的東西，用力拉也拉不動。「看來是釣到一條大魚了！」他興奮地想著，不過又想：「這麼大的一條魚，如果把牠釣起來，被別人看到的話，大家肯定都會跑這裏來釣魚，那麼湖裏的魚很快就會被別人釣完了，所以還是不要告訴別人的好。」

這位漁夫想了一會兒，便告訴兒子：「你趕快回去告訴你媽媽，說爸爸釣到了一條很大的魚，為了不讓別人發現，要媽媽想辦法和村裏的人吵架，吸引大家的注意力，這樣就不會有人發現我釣到了一條大魚。」

兒子很聽話地跑回去告訴了媽媽，媽媽心想：「只是和人吵架根本無法吸引全村所有人注意，我還是想點更好的辦法吧！」於是她就把衣服剪出了很多洞，並把兒子的衣服當帽子戴，還用墨汁把眼睛的周圍擦得黑黑的，便離開家在村子裏走來走去。

鄰居看到她，驚訝的說：「妳怎麼變成這個樣子，是不是發瘋了？」

她便開始大吼大叫：「我才沒有發瘋！你怎麼可以這樣侮辱我，我要抓你去村長那裏，我要叫村長罰你的錢！」

村民們看到他們拉拉扯扯吵得很厲害，就都跟著來到村長家，看看村長如何判決。

村長聽完他們各自的說辭，便對漁夫的妻子說道：「你的樣子的確很奇怪，不論是誰看了都會問你是不是瘋了，所以他不用受罰。該罰的是你！因為你故意打扮得怪模怪樣還這樣大吵大鬧，嚴重擾亂了村民的生活。」

另一方面，湖邊的漁夫在兒子跑回家之後，便用力拉釣竿想把魚拉上來，可是怎麼拉也拉不動，他怕再用力會把魚線拉斷，就乾脆脫光衣服跳進湖裏去抓那條大魚。

當他潛入湖裏，仔細一看，才發現原來魚鉤是被湖底的樹枝鉤住，根本就不是釣到什麼魚！他非常地氣惱，更糟糕的是，當他伸手撥開樹枝時，不料釣鉤反彈起來刺傷了他的眼睛！他強忍劇痛爬上岸來，又濕又冷，但是衣服又不知道什麼時候被人偷走了，他只好光著身子沿路回村求救。

懂得分享的人，才能擁有一切，當你張開雙手的時候，無限世界都是你的，如果你握緊拳頭，你所能擁有的就只有掌心一點點的空間。過份在意自己的所有，不肯與人分享，無視他人處在困苦之中的人，終究也會被他人拋棄。

這對夫妻自私的想獨占一湖的魚，卻弄得丈夫被刺傷，妻子要被罰錢，最後他們卻一條魚也沒有得到，反而給人留下了笑柄。

生活中，有很多只為自己活著的人，他們不肯為別人的生活提供便利，更不肯為別人放棄自己的一點點利益。像這樣的人，別人也一定不會願意為他提供便利。

我們生活在一個聯繫越來越緊密的世界上，有時候幫助別人就是在幫助自己，任何人都無法孤立地生活；自私的人，最後一定會因為自己的自私而受到傷害。

小結語

每個人都有自私的一面，這是人天性中的缺陷，這種缺陷並不是無藥可救的，我們應該時刻想著：自己對別人的態度，就是別人對自己的態度，如果我們因為自私而拋棄別人，那別人也一定會拋棄我們！

◎靠山山倒，靠人人倒

白菜和菜刀因緣際會成了好朋友，菜刀對白菜說：「為了你，我願上刀山、下油鍋。你放心，誰要敢欺負你，我就和他拼命！」白菜非常高興自己找到了一個好朋友。過了幾天，白菜被人拎到了砧板上，菜刀高高地舉了起來。白菜大叫：「不要啊！你怎麼能這樣對我？」菜刀笑著說：「嘿嘿，我都肯為你下油鍋了，你就為我犧牲一下吧！」菜刀說完，就剁了下去。

俗話說「出門靠朋友」，然而也並不是所有的朋友都可以讓你安心的去「靠」，選擇朋友時還是要仔細挑選，免得一不小心靠在紙糊的牆壁上。

安君初到英國，不僅人地兩生，連溝通都有點問題。她那一點可憐的英文，連找工作所必須的幾句話都說的結結巴巴。在人生地不熟的異地，她多希望能遇到一個熟人啊！沒多久，她就真的遇見了一個高中時的同學。所謂「久旱逢甘霖，他鄉遇故知」，安君當時十分激動。

她這個老同學非常熱情，為安君介紹英國的情況，幫她辦理許多該辦的事務。當然了，這些日子的吃飯等開銷都由安君包了。安君非常信任他，他說要幫她去辦事，她就把信用卡交給他。信用卡的額度正迅速減少中。老同學解釋說，英國不比國內，各種費用都高。安君雖然心中叫苦，但還是很感謝他；安君心想：「多虧他的幫忙。如果是自己去辦，只能像一隻無頭蒼蠅四處亂碰。」

漸漸地，安君對一些事情也熟悉了，她慢慢發現費用並不像那位同學說的那樣高。可他還是三天兩頭來她這裏，吃吃喝喝倒也罷了；但，買他自己的東西，也要用她的信用卡。她越來越覺得這個朋友有點靠不住，有點不夠朋友。於是安君決定找個機會和他中斷來往。

這天，同學又來找安君。安君拿出一筆錢對他說：「謝謝你這陣子幫了我許多忙。這點錢算是我對你這些日子以來，辛苦的一點補償。我現在情況大概都熟悉了，我想，你也有自己的事情要忙，我就暫時不再麻煩你了。如果有需要時，我再和你聯繫。」安君給他的錢，是在她打聽了當地的行情後計算的，並有意多算一些，算是感謝同學在她困難時幫了自己。

可是事情卻出乎安君的意料。「我也正要和妳提這件事。」他拿起錢數了數說：「你給的錢太少了些。這些日子，我一直為你的事奔忙，自己的事情都擱了下來。你至少應該給我這個金額的三倍。」

安君真是聽的目瞪口呆；她不知道這個同學怎麼可以這麼獅子大開口？安君這陣子的開銷已經幾乎花光她手邊所有的現金，她哪裡還有多餘的錢可以給他呢？

看著呆楞的安君，同學又提高聲音說：「如果妳現在沒有錢也沒關係。妳可以寫一張欠條，分期付款還我，我不會算妳利息的。」

這也算朋友？這簡直是一個無賴！安君突然覺得，他竟是那樣醜惡、猙獰，那樣的厚顏無恥。但她沒有罵出來，連委屈的淚水也沒流下來。她只是默默的責備自己太相信「出門靠朋友」這句話。眼前這一幕也許就是對自己輕信的一種懲罰吧！想到此，她毫不猶豫地寫下欠條，然後打開門，示意他立刻走人。他剛一出門，她就「砰」地一聲狠狠地把門關上。這時，她的淚水無助的流了出來……

當人們剛接觸一個新的環境時，面臨的一切都是陌生的、不適應的，如果想在陌生環境打拼生活，有一番事業，人際關係就成了非常重要的一環；對朋友的渴望也就因此產生。這就像一個口渴的人，急切的盼望有一杯清涼的水，這時如果有一杯水送到你面前，恐怕你就會看也不看的倒進嘴裏。

故事中的安君就是這樣的情形，一個人孤身來到異國，突然遇到一個故友，她立刻毫無保留地相信了對方。然而不是什麼朋友都靠得住的，安君就結結實實地得到一個教訓；被騙了錢不說，心理上還受到了很大打擊。

出門在外如果能遇到一個伸手幫助的熱血知己，的確是一大快事。但事實上，可靠的朋友是有條件的，有了朋友的稱呼也未必是真正的朋友。如果你因為人家的熱情就完全放下了戒心，那麼掉進陰溝裏也就不值得大驚小怪了。

小結語

出門在外，一定要多加提防，對不熟悉、相交不深的朋友，還是留點戒心，沒有判斷清楚前，千萬不要輕易相信他人，免得傷害了自己。

◎「利用」有時也是一種良好互動

一隻烏鴉已經餓好久了，每當牠看見地上奔跑的羊時，牠也只能拼命的嚥口水。有一天，牠從一座山丘上飛過時，突然看見一隻狼懶懶的臥在草叢裏，看牠的表情就知道牠也餓壞了。烏鴉眼珠一轉突然想起了一個好主意；牠飛到羊吃草的地方，叼起幾塊羊糞，每隔一段距離丟一塊，一直丟到狼的附近。狼循著氣味找到了那群羊，牠狠狠的咬死了其中一隻羊，高興的吃了起來。等狼吃飽了，烏鴉就飛了下來——牠終於可以飽餐一頓了。

儘管很多人不願意承認，但很多時候人與人之間都是互相利用的關係，這並沒有什麼可恥的，人性中總有自私的一面，在為自己著想的同時，不損害他人的利益，甚至給他人帶來好處，這未嘗不是一件好事。

在一個伸手不見五指的夜晚，一個僧人行走在漆黑的道路上，因為夜太黑，僧人被路人撞了好幾次。

為了趕路，他繼續走著，突然看見有個人提著燈籠向他這邊走過來，這時候旁邊有人說：「這個瞎子真是奇怪，明明什麼都看不見，每天晚上還打著燈籠。」

路人的話讓僧人很納悶，盲人挑燈？豈不多此一舉！等那個提著燈籠的人走過來的時候，他便上前詢問道：「請問施主，貧僧聽說你什麼都看不見，這是真的嗎？」

那個人回答說：「是的，我從一生下來就看不到任何東西，對我來說白天和黑夜是一樣的，我甚至不知道燈光是什麼樣子！」

僧人十分納悶的問：「既然你什麼都看不到，你為什麼還要提著燈籠呢？」

盲人不慌不忙地說：「我聽別人說，每到晚上，人們都變成跟我一樣了，什麼都看不見；因為夜晚沒有燈光，所以我就在晚上打著燈籠出來。」

僧人無限感嘆的說道：「你的心地真是善良！你真是會為人著想呀，原來你完全是為了別人！」

盲人急著回答：「不是，其實我是為了我自己！」

僧人一怔，不解地問道：「為自己？為什麼這麼說呢？」

盲人答道：「你剛才過來的時候，有沒有人碰撞過你呀？」

僧人回答：「有呀，就在剛才，我被好幾個人不小心撞到了。」

盲人莞爾一笑說：「雖然我什麼也看不見，但是因為我提著燈籠，別人都能看到我，這樣他們也就不會撞到我了。」

小結語

盲人的想法很簡單：點著燈籠照亮自己，免得他人撞到自己，這種想法聽起來有點自私；但從另一個角度來看，他的自私不僅保護了自己，而且還幫助了別人。借著燈籠的光亮，路人走路時也方便了很多，這種互相利用得到的結果是互惠的。

◎小心嫉妒的冷箭

嫉妒他人是一種普遍的心理現象，幾乎每個人或多或少都存在一些嫉妒心理。嫉妒常常會讓人做出一些瘋狂的事，所以你不僅要克制自己的嫉妒心，而且還要提防別人對你的嫉妒，免得受傷害。

張岳山和喬勝方畢業於同一所師範大學，兩人畢業後被分發到同一所學校任教，因為這層關係，兩人一直相處得不錯。

過了幾年，學校人事調整，喬勝方被提拔為教務主任，而張岳山則受重用，被任命為副校長。

從那以後，喬勝方對張岳山說起話來就有點陰陽怪氣的，從他那一聲「張副校長」裏，張岳山聽出了他的不高興。張岳山也不高興：「我當副校長是我的能力被肯定，又不是搞小動作、走後門弄來的，憑什麼我要看你的臉色？」從此以後，張岳山就跟喬勝方疏遠起來，再也不像以前那樣說說笑笑了。

一段時間後，學校裏突然傳出了一些關於張岳山的流言蜚語：「結黨營私、為人小氣，幾年前和學校的一位女實習教師有過一段曖昧的感情……」張岳山氣得渾身發抖，他知道這是喬勝方傳出來的，因為只有他知道這件事。

這些流言驚動了教育局上層，長官幾次找張岳山談話。更糟糕的是張岳山的妻子不知從哪兒聽說了這件事，居然找到學校去大鬧了一場，張岳山氣的當場心臟病發作，沒過多久就提前退休離開了學校。

真正的朋友是會為對方的好成績而高興的。

嫉妒心強的人往往會因為對方被提拔、重用而不平衡。「憑什麼提拔的是他而不是我？他不就只是這樣子而已嗎？」你和妒忌者交往越密切，他越不平衡；因為，他知道你的「底細」不過如此；而你又是很平等的交往，他很難接受這種位置的變化。人都有好勝心、事業心，當他看到別人的成就時，將會強烈的感覺到自己的挫敗。

有人的地方就少不了嫉妒，理解他人的嫉妒心理，也是保護自己不被傷害的先決條件。

比如在這個故事中，張岳山應該想到，兩人的學識、能力、經驗其實並沒有很大的距離，所以當張岳山晉升為副校長，喬勝方卻只在其手下當一名主任，他心裏的不平這也是人之常情。所以張岳山應該儘量理解他，以便化解他的嫉妒。

但張岳山在發現喬勝方的嫉妒後，就立刻怒火中燒，甚至還故意疏遠對方。他這樣做就好像是火上加油，讓對方的妒火越燒越旺了。結果張岳山終於中了那隻名叫「嫉妒」的冷箭，不得不含恨引退。

嫉妒心強的人感覺到你明顯超過他的時候，或者將有升遷機會，他就會設置種種障礙，雞蛋裏挑骨頭。他們正是要藉助挑刺的方式，貶低你所取得的成績和價值，從而達到否定你的目的。嫉妒的惡性膨脹將會構成巨大的阻力，阻擋你獲得更大的成功。如果，嫉妒心強的人就在你的社交圈裏，他就更容易打擊、迫害、中傷你。所以我們千萬不能小看嫉妒的危害，為了努力避開嫉妒的冷箭，我們不妨試試以下幾點策略：

一．削弱嫉妒心理

一個天生麗質或才幹出眾的人，本來就令人羨慕。若鋒芒太露、咄咄逼人，嫉妒的人就增加了，更容易使自己成為箭靶。因此，不如對自己來些調侃、揶揄或自我嘲諷，並在一些不重要的場合故意給別人一些溢美之辭，以此削弱對方的嫉妒心。

二．化解嫉妒之情

對嫉妒的人，不必針鋒相對。因為你就比他強，於是他嫉妒你。所以，你完全可以寬容大度，與之友好相處，並給予他盡可能的關心和幫助，在一定程度上可以化解一部分嫉妒心理。

三．對嫉妒冷處理

對於妒火過盛者，無論你如何寬容友好，恐怕也無濟於事。在這種情況下，最好的辦法是不加理睬。「無言是最大的蔑視」，如果站出來辯解，對這種人只會起火上加油的作用。所以，對無法消除的嫉妒，不加理睬，讓嫉妒者自己去折騰。

小結語

男人嫉妒他人的智力優勢；女人嫉妒別人的美貌絕倫；官場上嫉妒他人青雲直上；市井中嫉妒別人生財有道。嫉妒在生活中似乎是無處不在的，所以你應該多多鑽研戰勝嫉妒之道，免得不小心就成了別人嫉妒槍口下的靶子。

◎長舌咬死人

一隻兔子在草叢裏發現了一顆玻璃球，這件事正巧被烏鴉看到了：「兔子撿了個寶貝！兔子揀了個寶貝！」烏鴉把這件事告訴了森林中的每一個動物，兔子被大家追得東逃西竄，儘管牠已經扔掉了玻璃球，但最後還是被狐狸給咬死了！

生活中我們常會碰到這樣一種人，他們到處散佈別人的流言蜚語。有時候可能是因為你得罪了他們，但有時候卻是毫無理由的拿你練舌頭。

玉真為人善良，又十分勤奮、好學。學校畢業後，她順利進入一家電子公司。公司將所有新進員工集中培訓，三個月培訓期滿，只有玉真一人被分到行政單位工作，其他人全分配到生產線做著最枯燥乏味的工作。

玉真到一個新工作環境，有許多事要從頭學起，她虛心向前輩請教，勤奮學習，細心觀察別人對問題的處理方法。玉真憑藉著努力，靈活的思考，頗得上司的賞識。

就在工作取得一定成績的時候，她開始聽到別人的議論，說她是靠不正當手段爭取到新工作，說她與上司有曖昧關係。玉真的上司雖有能力，但名聲的確不好，經常開一些不得體的玩笑。玉真對他也很看不慣，但畢竟是上司，玉真忍下這口氣，並對他敬而遠之。

可是同事們還是在背後議論她的品行，他們這些無中生有的議論，著實給玉真增添了很大的心理壓力。

男女關係一向是八卦新聞的主角，玉真就成了受害者。喜歡搬弄是非的人嗅覺敏銳；當你工作有了點成績、家庭出了點問題，甚至於多接幾個電話，都會成為他們加油添醋的材料。這些人就是要用「流言蜚語」這把軟刀子傷人，看著別人痛苦他才高興。

對於流言，我們首先要提高認識。人與人之間產生一些誤會，有一些流言是不奇怪的。特別是有些人，為了自己的利益，總想製造一些謠言來騷擾別人。如果你因此十分生氣，甚至痛不欲生，那就中了這些人的計了。

如果在事情發生以前，你有了充分的認識，那麼在受到不公平待遇時，就不會影響你的情緒和生活，同時也說明你是一個意志十分堅強、頭腦十分清楚的人。

有時候，有些流言不容我們坦然處之。那些搬弄是非者，散佈某些流言不僅僅是因為閒著無聊，而是有一定目的的。也正因為如此，我們對搬弄是非者應當區別對待，那就是要根據流言的性質和產生的影響程度，選擇恰當的方法。如果是一般的閒言碎語，那麼就可以採取與對方溝通、進行解釋的方式。如果流言屬於惡意誹謗的性質，而且證據確鑿，那麼，就可以訴諸法律。因為惡意誹謗者，一般是不可能用溝通的辦法來解決的。

鄧蕾是一個美麗又幸運的女人，結婚兩年，先生又帥又能幹，對鄧蕾更是好得沒話說。而鄧蕾在公司裏也是一帆風順，深得老闆器重，連連晉升。

有一次，公司很重要的一名外國客戶來訪，經理就請鄧蕾一起陪客戶吃飯。沒想到，隔天公司裏竟傳出鄧蕾陪外國客戶進賓館的說法，而且說的繪聲繪影，丈夫氣得暴跳如雷，要求鄧蕾說清楚；婆婆說話連諷帶刺，指責她輕浮，並且要求她辭掉工作，免得在外面招惹風波。

鄧蕾不甘平白受到冤枉，決定揪出造謠生事之人。後來一調查，原來是公司裏的一個愛傳閒話的女同事散佈的流言，她決定採取法律途徑，正式控告那名女同事誹謗罪。

對於愛搬弄是非的難纏者，必要情況下，你就應該運用法律手段來保護自己。

人們都覺得與搬弄是非者很難相處，其難點在於他抱怨太多，而很少有你插話的機會。如果你能提前與這些無事生非者在某個共同的事情上進行交流與合作，那麼通常是可以避免受到他的傷害。

在與搬弄是非者交往中，你可以採用以下的策略：

一．拒絕同流合污：與不同類型的人交往要有不同的表現形式。與比自己強的人交往，需要誠懇、虛心；與不如自己的人交往，需要謙和、平等。而和那些搬弄是非的人交往，則需要正直、坦蕩。

拒絕答應對同事間的閒言碎語或是流言蜚語保密，有問題就擺在桌面上，以便大家共同解決。認識事物要有正確的方法，要有一定的是非標準。一句話，就是看問題要全面，要有自己的想法，要不偏不倚，不能偏聽偏信。

背後議論別人是一種不道德的行為，幫助別人改正這種習慣也是應該的。幫助搬弄是非者改變這種惡習行之有效的方法是：尊重對方，以朋友式的姿態善意的規勸對方，要向他表示你的誠意和立場，再巧妙地引導對方獲得正確的認識人的方法。

二·冷淡回應對方：有些人搬弄是非的惡習已成為其性格特點，那麼你就來個相應不理。

不要認為那些把是非告訴你的人是信任你的表現，他們很可能是希望從中得到更多的談話題材，從你的反應中再編造故事。所以，聽明的人不會與這種人推心置腹。而令他遠離你的辦法，是對任何有關傳聞反應冷淡、置之不理，不做回答。

三·保持一定距離：有時候，儘管你聽到關於自己的是非後感到憤慨，表面上你必須努力控制自己的情緒，保持頭腦冷靜、清醒。

如對方總是不厭其煩地把不利於你的是非輾轉相告，以致對你的情緒造成莫大的負面影響，你應拒絕和他見面或不接他的來電，此類人不宜過多交往。

小結語

這些人唯恐天下不亂，為達目的不擇手段，劍走偏鋒，專挑一般人想不到的地方下手。而他們搬弄的是非，也常會對你產生負面的影響。喜歡搬弄是非的人，臉上沒有標著記號，有的甚至還會以一副親切的形象出現在你面前，所以你必須學會保護自己的隱私，並提高警覺。

◎甜言蜜語的背後

小豬甲親熱的對小豬乙說：「以後咱們就是兄弟了，你放心，我一定會好好照顧你的！」小豬乙覺得自己太幸運了，遇到了一個好朋友。小豬甲常勸小豬乙：「你要努力吃呀！多吃多睡身體才會好，主人才會喜歡你。」小豬乙聽信了牠的話，每天吃飽了就睡，睡飽了就吃，很快就長得肥肥胖胖的。過年的時候，農夫決定殺一頭豬，小豬甲又瘦又小，所以小豬乙就被送到了屠夫那裏。鮮血流出來的那一刻，小豬乙終於知道了：小豬甲之所以勸牠多吃一點，其實是為了保護自己。

每個人都有私心，人們做什麼事都是先考慮到自己的利益。假如有人拼命為你著想，那你就要小心了，也許對方正在打什麼歪主意呢！

丁宇的頂頭上司朱經理終於升為總經理了，而丁宇卻破產了。事實上，正是丁宇的負債，換得了朱經理的高升，故事的來龍去脈是這樣的：

那天，丁宇去銀行為公司領款；回到公司門口時，他才發現皮包破了，錢丟了一大半，天啊！整整一百萬就這樣不翼而飛。丁宇嚇得臉色蒼白，飛奔著跑到朱經理的辦公室，詳細彙報了情況。

朱經理聽完丁宇的報告，沈默了一會兒說：

「這件事千萬不能讓人知道！」

「什麼意思呢？」丁宇不明白他話裏的意思。

朱經理誠懇的為丁宇分析：「你是非常正直又認真的人，這一點我知道。你剛才所說的，大概也不假，但是，公司會怎麼想？公司同事又會怎麼想？」

丁宇默不做聲、不知所以，他還是不明白朱經理的意思。

朱經理接著說：「公司也許會認為，這個職員說是遺失鉅款，說不定根本是拿進自己的口袋裏。甚至大部分人都會這麼認為。」

「我是十分信任你的，我是不會這樣想的。但是公司一定會持這種看法。你還年輕，可以說是前途無量。如果被公司懷疑了，你以後的日子怎麼過呢？我是為你擔心啊！」

丁宇被他的話嚇呆了，全身顫抖。

「一百萬元的確不是一筆小數目。但是，它卻換不回你的大好前途。我若是你，不會把這件事張揚出去，而會想辦法補足這一筆款項。」

丁宇咀嚼著朱經理的話，漸漸覺得他的話越來越有道理——那傢伙說錢是被人偷走，其實，一定都放進自己的口袋裏了——丁宇想像同事的這些耳語，他一定會受不了的。他決定就依經理所說的，想辦法填補這一百萬元吧！

朱經理知道他的決定後，對他大加讚賞：「這才是最明智的做法。」然後又加上一句：「為了你的將來，我絕對不會對任何人說。所以，你千萬也不要對任何人提起這事。」

丁宇拿出了自己和父母的積蓄，又託朋友向別人借了許多錢，才補足了遺失的貸款。但之後，他為了要還這筆鉅款，著實吃了許多苦頭。

後來，丁宇明白了，朱經理把這件事隱瞞起來，說是為丁宇著想，其實完全是為了自己。丁宇弄丟了這麼多錢，他身為丁宇的上司，自然也要負責任。丁宇固然會因此受到處罰，但境況絕對比現在好，而同事也未必如朱經理說的那樣會懷疑丁宇。

與人交往時，頭腦要保持清醒，千萬不要被人家騙得團團轉，要學會客觀地分清前因後果，而不是被人牽著鼻子走。

當我們遇到事情，特別是遇到讓人措手不及的事情時，我們就會希望有人能幫我們出主意、指點一下迷津，這時候就要注意，儘量不要找與這件事有關的人想辦法。因為他也是當事人，他一定會希望事情朝著有利於自己的方向發展，你找他幫你出主意，無異於與虎謀皮，他不肯幫你出主意還算好的，萬一他幫你出了什麼餿主意，你可能就會因此而無法翻身了。

在這個故事中，朱經理明明也應當為丟錢的事承擔一部分責任，他卻擺出一副事不關己的樣子，為了保住自己的職位，將過失全部轉到丁宇頭上，在丁宇還沒弄清事情的嚴重程度前，就讓他成為唯一的犧牲品。

不要怪朱經理太奸詐，關鍵是丁宇沒有警覺心，所以才會糊裏糊塗的上了人家的當。丁宇本來就應該想到的，朱經理熱心給自己出主意的背後，肯定有為他自己打算的想法，「人心隔肚皮」太相信別人就可能會讓自己受到傷害。

小結語

世界上有全心全意為別人打算的好人，但大多是在事不關己的情況下。總之，遇事別太相信別人，自己考慮清楚再做決定才不會吃虧。

◎笑臉背後的一把刀

一隻蒼蠅在樹葉上乘涼，這時，正好有一隻綠色的螳螂朝牠爬了過來。

蒼蠅警惕的瞪著牠：「你要幹什麼？」

「嘿，嘿！」螳螂咧開嘴笑了起來：「蒼蠅老弟，別那麼緊張嘛！我只是想陪你聊聊天。你看你，每天被人追來打去，太沒天理了。你又沒招誰惹誰！」

這句話真說到蒼蠅心裏去了，就這樣牠們越聊越投機。蒼蠅覺得螳螂親切極了。牠正想為自己的小心眼向螳螂道歉，突然覺得肚子一涼，螳螂已經用刀將蒼蠅砍成了兩段。

人際交往中的明爭暗鬥，往往披著美麗的外衣，你要是被迷惑了，那就會一敗塗地。

老馮和老周是好朋友，也是相處不錯的同事。他們公司剛上任的經理新制訂了一個獎勵措施，整年度誰的業績最高，就可以獲得一筆為數頗豐的年終獎金。

老馮非常希望獲得這筆獎金，因為他的孩子明年上大學，急需要一大筆錢；老周也對這筆錢看得很重，因為他老婆整天向他嘀咕：誰的老公又掙了多少錢、誰的老公剛剛又晉升了……他必須藉由這個機會，讓他的老婆在別人面前揚眉吐氣一番。

兩人瘋狂的跑業務，絞盡腦汁的聯繫所有客戶。

但，沒多久，老馮發現自己的一些客戶紛紛退了訂單。他不明白是為了什麼。輾轉有人告訴他，有人放話說老馮是一個品行惡劣的人，總是將公司次級品販售給客戶，自己從中獲取非法利益……

年底的時候，老周獲得了那筆獎金。老馮從老周的業績單上頓悟過來了。

老馮的失誤在於他沒有認清這種對立矛盾的現狀，反而盲目信任同事。在沒有競爭的日子，也許的確能做到大家彼此相悅，其樂融融。一旦進入角力場，角色就變成了競爭的對手。

在競爭中，除非一方自願放棄，否則，必然有刀光劍影的閃爍、明槍暗箭的中傷，令人防不勝防、難以迴避。

當你棋逢對手時，你的情感、理智、道德、功利都遭遇最大的考驗。當你想獲得成功的時候，是否不遵守道德準則；當你坦誠地面對競爭者，對方是否正在利用你的善良和誠意進行攻擊……

玉梅在親戚的介紹下，去一家日用品公司做業務，同時期另有一名叫田眉的女孩，因為兩人年紀相仿，又是同時進入公司，所以兩人相處的很不錯。

由於玉梅工作認真、負責，辦事能力強、口才又好，所以很受經理器重，幾次在公司會議上，經理總是公開表揚玉梅。

到了聖誕假期，經理宣布要辦個大型促銷活動，並允諾誰表現出色將獲得提升。經理臨走前意味深長地拍了拍玉梅的肩，讓她好好表現。經理離開後，田眉熱情地拉住玉梅的手，說要跟玉梅一組。玉梅簡直有點受寵若驚，她本來擔心田眉會因為經理器重她而不高興，沒想到田眉這麼大方。

經過一番努力，玉梅負責的幾家店都同意進貨，其中一家不常往來的超市也同意做短期促銷。到聖誕節的前一天，玉梅和物流部約好，等那家超市九點關門以後他們就開始進貨，超市是十點半休息，他們有一個半鐘頭的時間，可以點貨及佈置場地。而田眉則自告奮勇負責押車進貨。誰知時間到了九點半進貨車還沒來，玉梅急得直跺腳，商場負責人也很不高興。一直到十點十分貨車才趕到，但她們也只剩下了二十分鐘可以佈置貨物。車剛一到玉梅就衝上去搬貨，好不容易在二十分鐘內把貨物都搬到展場佈置好，超市負責人便表示要她們趕快離開，可是，此時玉梅還沒來得及點貨呢！

田眉拿著貨單催促玉梅簽名，玉梅猶豫的說：「可是我還沒有清點數量啊。」

田眉笑著說：「妳不至於想說我會害你吧？妳如果不相信我，那我可以明天一早來陪你清點！」

玉梅連忙說：「我沒那個意思，只是覺得沒有清點數量，心裏感到不踏實。」玉梅邊說邊接過貨單，簽上了自己的名字。

田眉向玉梅解釋是因為車子半路故障才遲到的，並說這一次玉梅聯繫了這麼多店，業績那麼好，佈置的又很好，一定會獲得經理賞識，並且可以升職。還一直表示，自己是非常支持玉梅的。聽了這些話，玉梅對田眉充滿了感激。

聖誕假期過後，玉梅剛回到工作崗位，經理就把玉梅叫了去，並把超市進貨單、退貨量的清單，以及商場銷售表拋向了玉梅，說：「你負責的那家超市丟了三萬多元的貨，你怎麼解釋？」

玉梅一聽傻了！忙拿起來一算果真丟了三萬五千元的貨。玉梅一下子意識到了什麼，向經理說明會去查清楚，便快步走出了經理辦公室。

玉梅找到了田眉，問了她貨物方面的情況。而她卻笑著說道：「我怎麼會知道，數量是你點的，字是你簽的。」

這時，玉梅已經清楚意識到發生了什麼事情。玉梅火冒三丈地向她嚷道：「我要將此事告訴經理。」

「你告到哪裡我也不怕，白紙黑字是你簽的。」說完，田眉便轉頭回了辦公室。

處理任何事都不能不考慮出發點，做好利益上的平衡，在與自己有利益衝突的時候，一定要擦亮眼睛，不能光看到人家的笑臉，就忘乎所以。

小結語

「害人之心不可有，防人之心不可無」，我們不去向別人捅刀子，但也不能傻傻地等著別人害自己，這就要求我們要對這種陰險的人有所防備，拉起警戒網，不給對方機會出刀子。

◎世上最鋒利的刀——朋友

別以為是朋友就一定會對你忠心耿耿；有的朋友說不定在什麼時候就會捅你兩刀、宰你一頓。

小劉奮鬥了幾年，膽大心細的他也賺了不少錢，便開始籌組公司當起了老闆。小劉最大的特點，就是性格直爽、坦率，注重感情、好交朋友。在朋友之間，小劉素有「俠義」的美名。應朋友所求，小劉一次拿出幾千幾萬是經常的事。應該說，人們之間互相關心、互相幫助，是理所當然的，而小劉也經常得到朋友的幫助。他想：事業之所以有發展，和別人的幫助是分不開的。所以，小劉對他身邊的每一位朋友都極好。

某一年夏季，小劉的一位朋友——孫總，找小劉要一批工業用電風扇。按公司慣例，小劉一向是「一手交錢、一手交貨」，但又覺得孫總是舊識、老朋友，如果拒絕又擔心傷了老朋友的感情。考慮再三，最後小劉答應了孫總的要求，一次發出價值近六十萬元的電扇。當時孫總表示，電風扇一脫手，便立即付款。小劉還十分熱情地代辦裝箱、托運的工作。誰知孫總一去不復返，小劉找孫總找了好幾個月，竟一無所獲，這時，小劉才如夢初醒。

經過這件事的教訓，雖然大傷小劉的心，還好，尚未動到公司的根基。但，另一件事卻徹底的使他一敗塗地。

一天，之前一個同事——老杜來找他，說是公司正在做一筆有巨額利潤的大買賣，但公司資金暫時周轉不開，所以想請小劉做擔保，好向銀行貸款。

小劉本來不願意，但又怎麼能不給老朋友面子呢？見小劉有些猶豫，老杜便詳細說明自己有多大的必勝把握，保證到時一定可以償還貸款，並且給小劉一筆紅利；而小劉所做的只不過是簽個字、蓋個章而已。

小劉終於決定幫老朋友一把。老杜一次從銀行貸款二千萬元。

半年後，令小劉震驚的事情發生了：老杜那家公司因付不出銀行利息，終於宣告破產，而老杜一夕間捲款潛逃，任誰都找不到。銀行因無法收回貸款，便向法院起訴了小劉，結果小劉必須償還鉅額欠款。

從此，小劉公司一蹶不振，元氣大傷，經營狀況慘淡，連連虧損，終於，小劉的公司倒閉了。

每個人都應該記住：有些人之所以願意和你交往，很可能是因為你手中的資源；有些人可能和你是朋友，但如果受到利益的驅使，他也可能會翻臉不認你。

現在社會上假借朋友關係行騙、偷盜，甚至陷害的事數不勝數，手段之高，花樣之多，實在令人防不勝防。

玉潔是個上班族，省吃儉用的她，也不敢用什麼名牌，他平常就愛逛逛夜市、服裝店。

有一個周末，玉潔正在某市場裏挑衣服時，突然被一個攤販叫住，玉潔仔細一看，對方竟然是自己高中時的好友陳敏，兩人已經多年不見了，玉潔激動地握住陳敏的手，想起了過去兩人在一起玩耍的情景，彷彿又回到了年輕的時候。

兩人正在聊天時，玉潔一抬頭，看見牆上正掛著一件她想買的衣服，為了這件衣服她已經走了好幾家攤位，但都因為要價太高沒買。她心想就在老同學這裏買吧！與其讓其他人賺錢，不如讓自己的同學賺。於是她連價錢也沒問，就請陳敏把衣服包了起來。

「多少錢啊？」玉潔一邊問一邊掏錢包。

「都是老朋友了，就照成本算給你吧，不賺你的錢！九百八就好了！」陳敏的話讓玉潔的手當場僵住了。因為在其他的攤位，老闆還曾將價格降到六百九。

玉潔將錢放在櫃檯上，拿起包好的衣服輕輕說了句再見，陳敏可能也意識到了些什麼，她勉強地笑了一下。

玉潔再也沒有再去過那個市場，而兩人雖然留了電話，卻也再沒聯繫過。

友誼本是溫暖人心、寄託人性的美好情愫，但玉潔從友誼中得到的卻是失望。

「朋友」這把刀是世界上最鋒利的刀；他要宰你時，保證你連還手的餘地都沒有。因為朋友是相互理解的，是曾經敞開心扉的，是交流過情感和祕密的，最關鍵的是你對朋友沒有基本的警覺心，對朋友你是不設防的。

小結語

你應該常常提醒自己：人都有自私的一面，利益交關時誰都會為自己著想，所以無論對誰，還是有點防備比較好。

◎好心未必有好報

一隻老狼要死了，臨死前牠希望能向神父懺悔自己的罪過，免得死後下地獄。白羊神父聽說了這件事，就決定去老狼家為老狼祈禱，牠心想：安慰一個即將逝去的靈魂是一件好事。

出於懼怕，老狼把自己的斑斑劣跡全說了出來，牠哭得很厲害，白羊安慰牠說：「上帝會寬恕你的！」然後便離開了老狼家。

等白羊一離開，垂死的老狼又後悔起來：「白羊如果把我做的事說出去，大家會更恨我的！」於是牠就讓自己的兩個兒子追出去，咬死了白羊。

人與人相處總免不了要互相幫忙，但也不是幫助對方越多、越熱情越好，因為很多時候好心也會變成驢肝肺。

玉菁是個熱情善良的女孩，畢業後順利的進入一家大公司。她工作認真，人緣也不錯，尤其同部門裡有一個與她同時期一起進來的女孩，她們相處得非常好、親如姊妹。她們的友情日漸深濃，連對方的朋友也都十分熟悉。兩人還常常與帶著各自的男朋友一起逛街、郊遊、野餐什麼的。有時四個人還一起打麻將，公司裏的其他同事都很羡慕她們。

但這種融洽的關係，卻在有一天出現了變化。

這天，公司裏新來一位副總。女孩從見到他的第一眼起，就很不自然，那位副總也是，兩人坐在那裏，並不說話，卻有種微妙的氣氛。下班時，女孩突然「消失」了，而平常她與玉菁都是一同搭車回家的，即便臨時有事，也會先打個招呼。玉菁問了警衛，才知道她是和新任副總一同出去的。

第二天，女孩紅腫著眼睛來上班。到要回家的時候，沒等玉菁問，她就主動和盤托出：原來那位新任副總是她大學時的學長，他們曾經談過戀愛，後來因為副總畢業後去了美國，兩人便理性分手。副總經過一次失敗的婚姻，這次再見女孩，有了和她重溫舊情的想法。說著說著，女孩忍不住掉起了眼淚來。

玉菁一直試著安慰她，並勸她想清楚，別傷害了現在的男朋友。只是，沒想到自從那次之後，女孩和她不僅漸漸疏遠了，更可能因為後悔讓她知道了這個祕密，終於有一天，她開始在同事間造謠，說玉菁做事常常偷懶，做不完的工作全都要她做。玉菁覺得委屈極了，自己並沒有得罪她，在她傷心的時候，自己還伸出友誼的手，沒想到她竟反過來咬人。

常聽有人呼籲「朋友間要保持點距離」，這樣做不僅可以保持新鮮感，還可以避免交往過密。和人交往過密，對對方的所有祕密都一清二楚，這樣一來，萬一哪天形勢有變，你將會成為他的重點防範對象。

所以對於對方的隱私、傷心史，能不聽就別聽；更不要濫施你的情感。你同情他，說不定他轉眼間就會為自己的一時脆弱而後悔，甚至轉而恨你，害你。

沈之明畢業後，便找了當地的一家加油站上班。他的工作是會計，老闆對他相當不錯，出納張平楚更是拉著他稱兄道弟。沈之明對這份工作滿意極了，一段時間後，他和張平楚越來越熟，兩人常一起吃吃喝喝。

有一次兩人一起去洗三溫暖時，張平楚半開玩笑地對沈之明說：「其實要弄點錢是很容易的。你想，如果我們聯手，那錢還不像流水一樣進來？」沈之明笑笑的回他一句：「別開玩笑了！」之後，張平楚再也沒有提起過這件事。但，沈之明卻起了疑心。

有一次，他翻了翻以前的賬目，便發現有不對勁的地方。他考慮再三，決定把張平楚約出來問他到底是怎麼回事，並要將這件事告訴老闆。張平楚一聽，嚇到哭著跪在地上求沈之明高抬貴手，他一直向沈之明懺悔，表示自己以後再也不敢做這種事，也會在最短的時間內將公司錢補齊。

沈之明聽著他的懺悔，心不禁就一軟，沈之明心想：自己要是現在告訴老闆，那張平楚輕則沒了工作，嚴重一點可能要坐牢，他也不忍心看著自己的好友前途就此毀去。他決定給張平楚一次機會。

時間一天天過去，一個星期、兩個星期……每次催張平楚，他都說自己正在籌錢，沈之明一方面著急，另一方面也擔心東窗事發。

最擔心的事終於在今天爆發：老闆請人查賬時，發現了張平楚貪污的事，便報警處理。警察帶走了正準備逃跑的張平楚，還有一臉驚慌、錯愕的沈之明，因為張平楚一口咬定沈之明收了他的錢才沒檢舉他。

生活中，熱心的人通常人緣好，但常常也是最容易上當、受騙、吃虧的人。因為熱心的人對誰都沒有戒心，因此常被人利用。

在這個故事裏，沈之明明知道張平楚犯了大錯，還好心的想給他悔改的機會。結果張平楚一被抓，還拉著沈之明墊背。

我們再假設一種情況：如果張平楚把錢補上，沈之明也幫他把這件事掩飾過去了，那情況又會如何？一開始張平楚自然會對沈之明千恩萬謝；但過一段時間，張平楚就會開始忐忑不安，擔心沈之明把事情說出去，所以他就會想辦法暗算沈之明，打算把他踢走，好讓心裏的大石落地。

小結語

所以，千萬不要對一些違反原則的人付出你的熱心，那樣做必定會傷害到你自己。熱心幫助別人會使人與人之間的關係更加融洽，但前提是要選對人、分清事，別糊里糊塗的捲入是非裏。

你早該知道：
獨木橋也許勝過陽關道

做人做事時，
我們總是習慣順著既定的習慣走，
說著人云亦云的話，
重複著別人做過的事，
結果往往很難取得成功。

所以我們應該擁有一套獨特的做事模式，
和具有自己特色的做人方法，
然後你會發現，

比起「陽關道」來，
「獨木橋」也許更好走。

●◎主動斷掉自己的後路

一頭獅子正追趕一頭山羊，山羊拼命的跑著，由於慌不擇路，竟然逃到了一條深溝邊；深溝足有四公尺寬。後面是饑餓的獅子，前面是深不見底的深溝，看來山羊是活不成了。這時山羊已衝到了溝邊，牠回頭看了一眼張著血盆大口的獅子，然後使出全身力氣一躍——山羊已騰雲駕霧般躍上了對岸，獅子只能眼睜睜看著到嘴的食物就此消失。

有一句成語叫作「置之死地而後生」，也就是說，斬斷自己的後路，讓自己陷入絕境中，往往可以創造出奇蹟。

人們做事時，總想著要給自己留條後路，以便進可攻退可守，這是一種比較謹慎的做法。但這種做法常會導致一個人失去進取心。所以必要的時候，我們應該主動斬斷自己的退路，破釜沈舟的人往往能夠絕地逢生。

一個年輕人大學畢業後便開始去找工作，但由於好工作不好找，也因為他所學的專業實在太冷門，半年過去了，仍未找到工作。他的家境不算好，為了讓他上大學，家裏已經拿出了全部的錢，所以即使再沒有錢，他也不好意思再跟家裏伸手。

又過了大半年，他終於彈盡糧絕，在一個陽光和煦的午後，年輕人在大街上漫無目的的走著，路過一家餐廳時，他停住了。

他已經記不清自己，有多久不曾吃過一頓像樣的飯了。餐廳裏那光亮整潔的桌椅，美味可口的佳餚，還有服務生溫和禮貌的問候，這一切都令他無限嚮往。

他的心中忽然升起一股不顧一切的勇氣，於是他推開門走了進去，選一張靠窗的桌子坐下，然後從容的點菜。他簡單的要了一份小菜和一份肉絲炒飯，想了想，又點了一瓶啤酒。吃過飯後，又將剩下的酒一飲而盡，他借酒壯膽努力做出鎮定的樣子，他對服務生說：「麻煩你請你們老闆出來一下，我有事找他。」

老闆很快出來了，是個四十多歲的中年人。年輕人開口便問：「請問你們要請人嗎？我來打工行不行？」

老闆聽了一眼疑惑的問：「你怎麼想到這裏來打工呢？」

他懇切的回答：「我剛才吃得很飽，我希望每天都能吃飽。我身上已經沒有半毛錢了，如果你不請我，那我就沒辦法還你這頓飯錢了。如果你可以讓我來這裏打工，那你就有機會從我的工資中扣除今天的飯錢。」

老闆忍不住笑了，向服務生要來他的帳單看了看說：「你不貪心，看來真的只是為了吃飽飯而已。這樣吧，你先寫個履歷表給我，我看看可以給你安排個什麼工作吧！」

之後，這個年輕人開始在這家餐廳打工。後來也因為表現優異，老闆將他介紹到好朋友的公司擔任要職。

當遇到非常時期，人是要有點非常思維和非常勇氣的。在最後的關頭，惟有抱著破釜沉舟的決心，才能絕地逢生。

故事中的年輕人敢到餐廳裏吃霸王餐，並以一種奇特的方式向老闆推薦自己，這都是因為他知道自己身無分文，已經沒有退路了，因此才有這種不顧一切的勇氣。所以有時要拿出勇氣斬斷後路，讓自己更快走向成功。

李先生開了家內衣廠，前幾年光景正好，結結實實賺了不少錢。等到他的內衣廠規模已經非常大時，景氣卻變差了，且競爭越來越厲害，利潤逐年下降，幾乎到了入不敷出的地步。

經過幾天的思考，李先生決定破釜沈舟進行最後一筆生意。他不顧家人反對，拿出了自己所有的存款，然後與員工進行一場懇切的會議。會上他果斷的宣布停止現有樣式內衣的生產，請設計人員重新設計新款內衣，全工廠員工都可以提出自己的想法，設計被選用的人可獲大獎。

他沉重的對所有人說：「這是我們最後的機會了，我拿出自己的所有積蓄，如果失敗了，那麼我就是一個一無所有的窮光蛋，而你們也將失業。但如果成功了，我就會按功行賞，你們的生活也就有了保障。成敗得失在此一舉，大家一起努力吧！」

李先生這番話使全廠上下都振奮起來，採購人員買來了市面上能找到的所有款式的內衣，設計人員不分晝夜的設計，其他的員工也紛紛提出自己的想法，從樣式、布料到裁剪，大家紛紛給設計人員提供了不少靈感。有些員工還自動自發的，到街頭發問卷，看現在的女孩子究竟喜歡什麼樣的款式。而業務員更是拼盡全力拉客戶。

沒多久，一批新款式內衣設計完成了，一些客戶也開始訂貨，廠裏的工人又開始加班生產新款內衣……新款內衣一上市就受到了顧客好評：款式美觀、質料好、價格適中。訂貨的客戶像潮水一樣湧來，李先生的內衣工廠又復活了。

我們不得不佩服李先生的勇氣和膽識；工廠陷入困境時，他本可以關閉工廠、遣散工人，這樣做他還可以保住自己的部分存款。但他卻不顧家人的反對，徹底斷了自己的後路，跟員工一起為工廠的未來而努力奮鬥，最終獲得了輝煌的勝利。

其實把自己推向絕路並不代表你必死無疑，不給自己留下退路，就沒有了多餘的顧慮，必將勇敢前行。而人在面臨危險、絕望之際，往往會爆發出一股無窮大的威力，因此會取得出人意料的成功。

小結語

愛惜生命、物品和金錢是人類的天性，但如果遇到危險或困難時，還受這種想法的侷限，那你就會慘遭失敗。

「置之死地而後生，投之亡地而後存」，有時只有破釜沉舟，才能有柳暗花明的結果。

◎換個思路就是成功

美國宇航局曾經為圓珠筆在太空不能順暢使用而苦惱，提供鉅資請專家研製新式書寫工具。兩年過去了，該研究專案進展緩慢。於是，宇航局向社會懸賞，徵求此種便利筆。不料，很快來了一個小伙子，他向驚訝的官員們出示自己的研究成果——就是一支鉛筆！

如果換個思路、換個角度看問題，你可能就會從失敗邁向成功。

有一家生產牙膏的公司，產品優良，包裝精美，深受廣大消費者的喜愛，每年營業額蒸蒸日上。記錄顯示，前十年每年的營業增長率為百分之十五到二十，不過，之後的幾年，業績卻停滯不前，每個月僅能維持相同銷售量。

公司總裁便召集一級主管開高層會議，以商討對策。

會議中，每個人都對此現象束手無策。此時，有名年輕經理站起來對總裁說：「我手中有張紙，紙裏有個建議，若您要使用我的建議，必須另付我十萬元！」

總裁聽了很生氣說：「我每個月都支付你薪水，另有分紅、獎勵。現在叫你來開會討論，你居然還另外要求十萬元。你是不是太過分了？」

「總裁先生，請別誤會。若我的建議您認為行不通，您大可將它丟棄，一分錢也不必付。」年輕的經理解釋說。

「好！」總裁接過那張紙後，看完，便馬上簽了一張十萬元支票給那位年輕經理。

那張紙上只寫了一句話：將現有的牙膏管口直徑擴大一毫米。

總裁馬上下令更換新的包裝。試想，每天早上，每個消費者擠出比原來粗一毫米的牙膏，每年牙膏的消費量將多出多少呢？這個決定，使該公司之後一年的營業額增加了百分之二十五。

當總裁要求增加產品銷量時，絕大多數人一定是在考慮：怎樣才能擴大市場銷售量，怎樣才能把產品推廣到更多地區，甚至加強行銷廣告……但這些都是老生常談，只有那位年輕的經理換了個思路：增加老顧客的消費量，不是同樣也能達到增加銷售的目的嗎？而且這個方法更簡單、更有效。

靈活的思考對一個人的成功是非常必要的。能夠從另一個角度看問題，見人所不見，善於突破常規，這就是創造。

十九世紀中美國西部颳起了一股淘金熱。李維開了家販售日用百貨的小商店。他見很多淘金者都使用帆布搭帳篷，便購置了一大批帆布出售。不過，銷路並不好。後來，他發現礦工們穿的都是棉布褲子，很不耐磨。李維頓覺眼前一亮：他利用店內多餘的帆布，製作了一條樣式很特別的工作褲，沒想到竟大受歡迎。消息傳開後，人們紛紛前來詢問、購買。牛仔褲由此誕生，並很快風靡全世界。

在這個世界上，從來沒有絕對的失敗，有時候只要調整一下思路，轉換一個視角，失敗就會變成功。

很多人相信，如果失敗了，就應該趕快換一個陣地再去奮鬥，如果按照這種觀點，李維就應該把帆布鎖進倉庫裏、或廉價拋售，但幸好他沒有這麼做。他沒有放棄帆布，並且積極尋找解決問題的辦法，終於想出將帆布改成褲子的方法，因此獲得了成功。

失敗與成功相隔的並不遠，有時也許只有半步距離。所以如果遭遇到了失敗，千萬不要輕易認輸，更不要急於走開。只要保持冷靜，勇於打破既定思維，積極尋找對策，成功一定很快就會到來。

小結語

一個聰明的人，不會總在原地打轉，因為他們知道很多事情都是多面的。如果你在一個地方碰了壁，那也不要緊，換個角度你就會走向成功。

◎沒有所謂的不可能

一個人夢見上帝對他說：「你做了很多好事，所以我要讓你發一筆橫財，明天走路時多注意點！」這個人高興極了，第二天天還沒亮，他就出門去撿錢了！

他從村莊這頭走到那頭，眼睛在地上直看，希望能發現一大袋的現金；但他失望了。從早走到晚，他都沒有撿到半毛錢。

他又累又餓的回到家，對著十字架大叫：「你為什麼騙我？」

上帝無奈地搖搖頭：「地上有張彩券你沒見到嗎？我把它放在你腳下七次，你卻都視而不見！」

人們往往會受到既定思維的限制，一旦碰到用現有方法解決不了的事情，就認為這件事不可能成功了。只要你能突破這種慣性思維，你就會知道世界上根本沒有所謂的不可能。

曾有人做過這樣一個實驗：他們把五隻猴子關在一個籠子裏，並在籠子旁掛上一串香蕉。籠子四周只安裝了粗鐵絲網，所以這些猴子如果想要吃到香蕉，是一件很容易的事情，牠們只要攀上鐵絲網就可以拿到了。

實驗人員裝了一個自動裝置，如果偵測到有猴子要爬到鐵絲網拿香蕉時，便有強力水柱沖擊這五隻猴子。

第一次，當其中一隻猴子想爬過去拿香蕉時，水柱馬上無情的噴了出來，每隻猴子不但都被水淋濕，並且都被噴倒在地上。而且，每隻猴子都嘗試去拿香蕉，但得到的結果都是如此——如果想拿香蕉時，就會被水柱噴倒。

所以到最後，猴子們達成了一個共識——不要去拿香蕉，因為會有強力水柱噴出來。

後來實驗人員換掉了其中的一隻猴子，這隻新猴子我們叫牠A猴子。當A猴子看到香蕉時，馬上想要去拿，結果被其他四隻猴子打了一頓。因為其他四隻猴子認為，這隻新猴子會害牠們被水噴倒，所以立刻打A猴子，阻止A猴子去拿香蕉。A猴子嘗試了幾次，結果都被打得滿頭包，卻還是沒拿到香蕉；當然猴子們也沒有被水噴倒。

接著，實驗人員又把一隻舊猴子換掉，換了一隻新猴子，我們叫牠B猴子。同樣的，B猴子看到香蕉，也是馬上要拿。結果也是被其他四隻猴子痛打了一頓；尤其那隻進來不久的A猴子打得特別起勁。這種情況，在我們生活當中也是常見的，可能就是我們所說的老兵欺負新兵吧。就這樣B猴子試了幾次，但因為總是被打得很慘，最後只好作罷。

後來慢慢的，猴子一隻一隻的換，原先的舊猴子都換成了新猴子。但，每隻猴子都還是不敢去拿香蕉；每隻猴子都不知道為什麼，只知道自己去拿香蕉，會被別的猴子打。

我們被關在固定思想的籠子裏，很多事不敢去嘗試，總是認為它是不可能完成的任務。因為跳不出思維的籠子，所以永遠也得不到我們生命中的「香蕉」。其實很多看似不可能的事情，只要打開思路，你就可以獲得成功。

有一家大公司高薪招聘行銷經理。廣告一打出來，報名者雲集。面對眾多應徵者，面試主管出了一個考題：把木梳賣給和尚。

絕大多數應徵者感到困惑不解、甚至憤怒：出家人剃度為僧，要木梳何用？這豈不是故意刁難人嗎？於是，應徵者紛紛離去。最後只剩下三個應徵者：張三、李四和王五。面試主管便要求以十日為限，要他們十日後彙報銷售成績。

十日期到。面試主管先問張三賣出多少？張三回答：「一把。」面試主管再問：「怎麼賣的？」

張三講述了歷經的辛苦，以及如何受到和尚的責罵和追打的委屈。好在下山途中遇到一個小和尚，他一邊曬著太陽、一邊使勁撓著又髒又厚的頭皮。張三靈機一動，趕忙遞上了木梳。小和尚用後滿心歡喜，於是買下一把。

面試主管再問李四賣出多少？李四回答：「十把。」主管又問：「怎麼賣的？」

李四回答說他去了一座名山古寺。由於山高風大，進香者的頭髮都被吹亂了。李四找到了寺院的住持說：「蓬頭垢面是對佛的不敬。應在每座廟的香案前放把木梳，供善男信女梳理鬢髮。」住持採納了李四的建議。而那座山共有十座廟，於是買下十把木梳。

負責人最後問王五賣出多少？王五回答：「一千把。」負責人驚問：「怎麼賣的？」

王五說，他到一個頗具盛名、香火極旺的深山寶剎，朝聖者如雲、施主絡繹不絕。王五對住持說：「凡來進香朝拜者，多有一顆虔誠的心，寶剎應有所回贈以作紀念，保佑其平安吉祥，鼓勵其多做善事。我有一批木梳，你的書法超群，可事先刻上『積善梳』三個字，然後便可做贈品。」住持大喜，立即買下一千把木梳，並請王五小住幾天，共同出席了首次贈送『積善梳』的儀式。得到『積善梳』的施主和香客，非常高興，一傳十、十傳百，朝聖者更多，香火也更旺。

把木梳賣給和尚，大多數人聽了都會覺得這件事太荒謬了。因為我們每個人都知道，和尚是用不著木梳的。注意！這就是我們的慣性思維。

我們遇到問題時，總習慣根據自己已有的知識，按照一種固定的思路去考慮問題，結果我們就只注意到了「和尚用不著木梳」這個常識，而忽略了木梳除了實用價值，還可以擁有其他的附加價值。而王五卻想到了，他把木梳作為一種禮品賣了出去。不是這個辦法太高深莫測，一般人想不到；而是因為，在現實生活中，人們已經根深蒂固地形成了一種觀念：木梳是梳理頭髮的工具，除此之外別無他途。

小結語

觀念給我們在思考問題時帶來傾向性，解決一般問題的時候可以起到「駕輕就熟」的積極作用。但是很多時候它是一種障礙、一種束縛。所以，如果我們想讓自己更成功，就要擺脫固定的思維模式，不斷提出解決問題的新觀念，你會發現一切皆有可能。

◎不用跟人搶著出「風頭」

當別人大出風頭的時候，你不必眼紅，更不必急於跟對方一爭高下，你必須堅定自己的立場，繼續做好自己該做的事。畢竟堅持到最後才是真正的贏家。

一個農夫在自己的菜園裏栽種了兩棵果樹。

一棵果樹拼命的吸收養分和水，然後把它們送上枝頭，於是農夫驚訝的發現，這棵小樹在第一年就長到兩公尺高，並且開出了燦爛的花朵，彷彿就要結果的樣子。另一棵小樹也在拼命的吸收養分；不過它把這些養分通通送到枝幹貯存了起來，看起來一年的時間只使它變得粗壯了一些，一點都沒有長高。

鄰居們都對農夫說：「把那棵矮的砍掉吧！它實在太醜了，既不開花，也沒長高，還妨礙開花的果樹吸收養分！」

但農夫想想：「再等等吧！」

第二年到來時，那棵開花的樹好像失去了活力，細弱的枝幹只在枝頭掛著幾片稀疏的樹葉，一副無精打采的樣子。

反觀另一棵矮壯的小樹，卻發生了驚人的變化。它彷彿在突然之間被拉高了許多，而且枝繁葉茂、生機勃勃。沒多久，它已經結出了一顆顆誘人的果實。

而之前那棵開花的樹，已經因為枝葉枯黃而被農夫砍掉了。

小結語

每個人都希望自己處於領先位置，戰勝別人而大出風頭；於是一旦感受到來自對手的敵意或威脅，人們就會不顧一切的反擊。但這樣做，不見得會贏過對方，很有可能你會暴露出自己的缺點，反而讓對方可以反擊，打亂了你原來的腳步。所以你能做的，就是避其銳氣、後謀後動，你的目標不是競爭中的風頭，而是最後的勝利。

◎何必跟人擠「陽關道」

魚媽媽帶著一群小魚，要從一條河游向一個湖泊，因為在冬天，那裏有很多食物。當游過一個岔路口時，魚媽媽告誡小魚：「千萬別游錯了，左邊這條水路是通向湖泊的，右邊那條是去一個小池塘的，那裏只有很少的東西可以吃。」於是，魚媽媽帶著小魚往左邊游去。等牠們到了湖裏一看，裏面密密麻麻的都是來自各條河的魚，大家常為了一條蟲、一片水草而大打出手，小魚們失望極了。

第二年魚媽媽再帶牠們去大湖時，兩條小魚卻脫離了隊伍，牠們從右邊的水路游向了小池塘。天啊！牠們看到了什麼？幾條懶懶的小魚，和滿滿一池塘的美食！

每一條陽關道上都擠滿了盲目的人群，因此，這些陽關道有時並不好走，甚至還有摔倒或有被擠出隊伍的危險。

獨木橋雖然狹窄，但由於是一個人走，所以難度大大降低，獨木橋也就成了陽關大道。

有一次，公司請一位商界奇才做報告，大家非常希望能聽他談談成功之道，以對自己的發展有所幫助。

但他只是說：「出一道題考考你們。」

「某地發現了一處金礦，於是人們一窩蜂的湧去開採。然而，一條大河擋住了必經之道。如果是你，你會怎麼辦？」

「繞路走，雖然費點時間。」有人說。

「乾脆游過去。」多數人建議著。

但是他卻含笑不語，等人們議論聲過後，他開口：「為什麼非得去淘金？為什麼不可以買一條船，開始運輸的工作？」

全場愕然。他接著說：「在那樣的情況下，你就是宰的渡客只剩下一條短褲，他們也會心甘情願呀！因為前面有金礦！淘金確實是條陽關道；淘到了金子你就可以發大財，這樣的好事誰不願意去做？但淘金的人太多了，這條路就可能變成獨木橋，為了金子動手、動口、動刀、動槍，這都不是什麼稀奇的事，所以你何不試試走獨木橋呢？

渡船是小本買賣，本來不會有多少利潤，但因為只有你在做，所以你就佔據了優勢，你大可以漫天開價，還怕那些想渡河的人不付錢嗎？」

小結語

生活中，我們總是盯著「陽關道」，跟別人互相推著、擠著，結果很多時候弄得頭破血流，卻還是一無所獲，但如果你能試著重新選擇一條人生之路，也許會走得更順暢。

◎用「雞肋」做大餐

兔子和熊都決定種玉米，但是兔子的那塊地又濕又低窪。熊嘲笑牠說：「這塊地根本長不出玉米的，扔了吧！」兔子很生氣，不過牠想到另外的辦法。秋天到了，熊去看兔子，發現那塊地種上了水稻，還獲得了大豐收。

雞肋食之無味，棄之可惜，但如果你有一種與眾不同的思路，就可以用雞肋做出大餐來。

一位猶太父親問兒子：「一磅銅可以賣多少錢？」

兒子回答說：「四美元！」

父親搖了搖頭：「對於我們猶太人來說，一磅銅不應該只值四美元。把它做成門把，我們可以獲得四十美元，做成精美鑰匙，可以賣到四百美元！我的孩子，你要記住，只要你有眼光，那麼廢物也可以變成寶物！」這個孩子牢牢記住了父親的話。

若干年後，這個孩子成為了曼哈頓的一名商人。

有一年廣場的自由女神像被拆除了，銅塊、木頭堆滿了整個廣場，誰來處理這些垃圾呢？市政府非常頭痛。

猶太商人聽說這件事後，主動請求處理這些東西。當地商人都在暗地裏笑他：這麼一堆垃圾有什麼用呢？何況市政府要求垃圾必須分類處理，一不小心就有可能觸犯市規，這個傻瓜簡直是自討苦吃！

但幾周後，這群商人從幸災樂禍變成了妒恨交加。

這名猶太商人究竟做了什麼呢？他把銅塊收集起來鑄成了一個個迷你型自由女神像，再用木塊鑲了底座，把它們當成紀念品出售，才一個星期的時間就被搶購一空。這堆一毛錢沒花就得來的垃圾，卻讓猶太商人大賺了一筆。

猶太商人撥了電話給在外地療養的父親：「爸爸，還記得您以前告訴我每磅銅可以賣到四百美元嗎？」

「是的，我的孩子，怎麼了？」

「爸爸，我把每磅銅賣到了四千美元！」

沾滿塵土的碎銅和木頭，在大多數人看來只是垃圾，或許那些銅可以當破銅爛鐵販賣，但，猶太商人卻用自己非同尋常的眼光發現了其中的商機。

這位商人的非凡之處，不在於他物盡其用的功力；而在於發現機會和發揮所有的可能性眼光。這種眼光不是隨便就能擁有的，它必然要以一種與眾不同的思路做指導。

美國第五十四屆總統選舉，候選人布希與高爾得票數十分接近，但由於佛羅里達州計票程式引起雙方的爭議，因此導致新總統遲遲不能產生。

有一家公司原本計劃發行總統紀念幣，但面對總統遲遲無法產生，公司面臨原物料庫存壓力。負責人靈機一動，化危機為商機。他利用早已經準備好的布希與高爾的雕版像，搶先發行四千枚銀幣。銀幣為純銀鑄造，不分正反面，一面是小布希的肖像，一面是高爾的肖像，每枚售價七十九美元。

結果，短短幾日，紀念銀幣就被訂購一空，該公司利用總統難產，大賺了一筆。

有頭腦的人，都會從人們視為廢物的東西，和危險領域的地方，發現機會、創造價值。

從理論上來說，「化腐朽為神奇」是費力費神，且又成功率不高的事。然而在實際生活中，環境卻為這些有勇氣、有眼光「把雞肋做成大餐」的人提供了豐厚的回報。

小結語

也許有人會認為，他們是在一種不經意的靈光一閃中，所得到的靈感，他們只是一種偶然的幸運。但是，這種不經意的靈光一閃，究竟蘊藏了怎樣的聰明和智慧呢？

如果，能換一種思路，不盲目跟隨流行，無論如何都是難能可貴的。

◎不走直路偏繞彎

一個乘客急著趕飛機，他跳上計程車後，立刻朝司機大喊：「快，去機場！」

司機平靜的回頭看看他：「先生，您是要走最近的路，還是最快的路？」

乘客被弄糊塗了：「最近的路不就是最快的路嗎？」

司機搖了搖頭：「不，最近的是直路，但常常會堵車；繞彎的路雖然遠點，卻可以最快到達飛機場！」

世間的路分為直路和彎路兩種，毫無疑問，人們都願意走直路。因為直路平坦，離目標又近；相反沒有人願意去走彎路，因為彎路曲折艱險。但很多時候直路未必好走，有時，繞道而行、迂迴前進，可以讓你更快速的到達目的地。

有一位電腦博士，畢業後找工作，結果接連碰壁，許多家公司都將這位博士拒之門外。在萬般無奈之下，這位博士決定換一種方法試試。

他收起了所有的學位證明，去應徵最基礎的電腦維修工程師的工作，這是一份稍有學歷的人，不願去做的工作。但這位博士卻做得兢兢業業、一絲不苟。

沒過多久，他的上司就發現了他的本事：他居然能看出程式中的錯誤，這絕非一般維修人員所能比的。這時他便亮出了自己的學士學歷，老闆於是提升他的工作層級。

過了一段時間後，老闆又發現他在新的崗位上游刃有餘，還能提出不少有建設性的建議，這又比一般大學生高明許多。這時他又拿出自己的碩士學歷，老闆又提升了他。

有了前兩次的經驗，老闆也特別注意觀察他；老闆發現他真是個人才，對專業知識的認識與瞭解都非常人可及。老闆決定好好問問他。這時他才拿出博士學位證明，並說明了自己這樣做的原因。此時老闆才恍然大悟，並毫不猶豫地重用了他，因為老闆對他的學識、能力和敬業精神早已瞭解了。

人生如攀登高山；為了登上山頂，需要避開懸崖，避開峭壁，迂迴前進。或許乍看之下，似乎與原來的目標背道而行；可是，實際上仍然是往山頂前進，甚至還節省了許多的時間。

當你用一種方法，思考一個問題或從事一件事時，遇到了阻礙怎麼辦？建議你不妨另用他法，換個角度去思考，換一種新方法去重做，也許你就會茅塞頓開、豁然開朗。

繞路而行，有時是解決問題最快的方法。

在一次歐洲籃球錦標賽上，保加利亞隊與捷克斯洛伐克隊相遇。

當比賽剩下八秒鐘時，保加利亞隊以兩分優勢領先，一般說來已穩操勝券。但是，那次錦標賽採用的是循環制，保加利亞隊必須贏球超過五分以上才能取勝。可是，要用僅剩下的八秒鐘再贏三分，談何容易。

這時，保加利亞隊的教練突然請求暫停。許多人對此舉感到莫名其妙，認為保加利亞隊大勢已去，被淘汰是不可避免的，教練即使有回天之力，也很難力挽狂瀾。

暫停結束後，比賽繼續進行。這時，球場上出現了眾人意想不到的事情，只見保加利亞隊拿球的隊員，突然運球向自家籃下跑去，並迅速起跳投籃，球應聲入網。

這時，全場觀眾目瞪口呆，全場比賽時間到。

隨即裁判馬上宣布：雙方打成平手，需進行延長賽時，大家才恍然大悟。保加利亞隊這出人意料之舉，果然為自己創造了第二次起死回生的機會。

延長賽的結果，保加利亞隊贏了六分，如願以償的獲得了真正的勝利。

如果保加利亞隊堅持以常規打完比賽，他們是絕對無法獲得真正勝利的，而往自己籃下投球這一招，頗有迂迴前進之妙。

在一般情況下，按常規辦事並沒有錯，但是，當常規已經不適合新的變化時，就應打破常規、勇於創新、另闢蹊徑。只有這樣，才可能化腐朽為神奇，在似乎絕望的困境中尋找到希望，創造出新的生機，取得出人意料的勝利。

當我們在生活中遇到了路的盡頭、無路可走的情況時，或許轉個彎、繞道而行便可以找到一條新路。

世上只有死路，沒有絕路，而我們之所以會感到面對「絕路」，那是因為我們自己把路給走絕了，或者說我們的思路狹隘，缺乏了「繞道」的意識。

小結語

懂得繞道而行的人，往往是最先到達目的地的人。因為他們善於想人所未想、做人所未做，在人們的見識之外，另外看到一條路。

◎反向思維讓你反敗為勝

一隻鹿來到河邊喝水，但是岸邊有個小陡坡，儘管牠伸長了脖子，仍舊沒有喝到水。於是牠曲起前腿跪在地上，把身子儘量向前傾。遺憾的是，牠離水仍有段距離。

就在這時，小鹿聽到了一陣刺耳的笑聲，原來是一隻烏鴉正站在枝頭嘲笑牠：「你可真夠傻的，只一心想著伸脖子喝水，水那麼淺，你不會跳進水裏去喝嗎？」

反向思維是不盲目追隨流行走最極端的形式，它不但不追隨，反而朝相反的方向走。這種反向思維雖然有點冒險，但卻常因獨闢蹊徑，而獲得起死回生、反敗為勝的作用。

有位商人和他的兒子一起出海遠行。他們隨身帶了一箱珠寶，準備在旅途中賣掉，他們沒有向任何人透露過這一個祕密。

有一天，商人偶然聽到了水手們正在交頭接耳。原來，他們已經發現了他的珠寶，並且正在策劃著謀害他們父子倆，以便掠奪這些珠寶。

商人聽了之後非常害怕，他在自己的房間內踱來踱去，試圖想出一個擺脫困境的辦法。

他的兒子問他出了什麼事情，父親於是把聽到的全告訴了他。

「與他們拼了！」年輕人斷然道。

「不，」父親回答說：「他們人多，會制服我們的！」

「那把珠寶交給他們吧！」

「也不行，他們會殺人滅口的。」

過了一會兒，商人非常生氣的跑向甲板，「你這個笨蛋！」他對兒子叫喊：「你從來不聽我的忠告！」

「臭老頭！」兒子也同樣大聲地說：「你永遠說不出一句值得我

聽進去的話！」

當父子倆開始互相謾罵、爭吵時，水手們好奇的聚集到旁邊。此時，商人突然跑回他的房間，拖出了他的珠寶箱。

「你這忘恩負義的傢伙！」商人尖叫說：「我寧願死於貧困，也不會讓你繼承我的財富！」說完這些話，他便在眾目睽睽之下，將所有珠寶全都投入了大海，水手們根本來不及阻止。

商人與兒子目不轉睛地注視著那只空箱子，沒過多久，兩人抱在一起，為他們所做的事而大哭不止。

晚上，當他們回到房間時，父親低聲對兒子說：「我們只能這樣做。孩子，再沒有其他的辦法可以救我們的命了。」

「是的，」兒子答：「您這個辦法是最好的了。」

當船駛進了碼頭後，商人與他的兒子匆匆忙忙的趕到法官那裏。他們指控水手們的海盜行為和犯了企圖謀殺罪，法官派人逮捕了那些水手。

這群水手剛開始都否認罪行，認為是商人自己發神經，將自己的寶物丟進大海，與他們無關。法官說：「什麼人會無緣無故拋棄他一生的積蓄呢？除非他面臨生命的威脅時。」水手們這才願意伏首認罪。

這個久經商場磨練的商人，見識確實高人一籌。遇到被人謀財害命的危險時，一般人的做法，不是跟對方拼了，就是獻財保命。但這位商人卻偏偏反其道而行，不跟對方撕破臉，反而做出一無所知的樣子，不把財寶獻給水手，反而把這些拋入大海。

身陷絕地的時候，如果按常規出牌那就必敗無疑；但若反其道而行，則可能會獲得一線生機。

美國布裏奇玩具公司的董事長——希頓，常常為了公司的事情而煩悶。由於市場競爭十分激烈，各大玩具公司無不競相推出兒童們喜愛的新型玩具，這對布里奇玩具公司是一個巨大的壓力。如何在玩具市場上佔據一席之地，確實是個非常棘手的問題。

希頓的別墅後面有一片茂密的樹林，每當遇到令人頭痛的問題時，他都會到樹林裏去散步。樹林裏幽靜的環境和美麗的景色，能夠使他暫時的忘卻煩惱。

這一天，希頓又慢慢地走到樹林裏。但他的腦子裏一刻也沒有停止轉動；他是一個不肯服輸的人，為了面對其他公司的挑戰，他絞盡腦汁，努力的想找出一個新玩具，來扭轉市場。

就在這時，他看到路旁的一棵樹下，幾個小孩似乎在玩什麼東西，每個人都玩得津津有味、愛不釋手。希頓馬上過去想知道小孩子在玩什麼。他看見那幾個小孩正在玩一種骯髒，而且看起來十分醜陋的昆蟲。

希頓覺得十分納悶，便問其中的一個孩子：「你們怎麼玩這種又髒又醜的蟲子呢？難道你們的爸媽，沒有幫你們買好看的玩具嗎？」

那個小孩一噘嘴，說道：「那些商店裏賣的玩具我都有，可是全玩膩了，都是一個樣子，沒有什麼意思。這種蟲子我從未見過，雖然髒一點、醜一點，可是比家裏的那些漂亮的玩具有趣多了。」

希頓這時突然閃過一個念頭。他知道自己找到新的想法了。希頓一連對那個小孩說了好幾聲謝謝，弄得他們莫明其妙，然後三步併作兩步的跑回家裏。

沒多久，布里奇公司推出了一種新產品——一系列醜陋、色彩黯淡的昆蟲玩具就這樣進軍消費市場。一改過去玩具總是造型優美、色彩艷麗的格局，布里奇公司的這款昆蟲玩具，一上市，就成為搶手貨。

布里奇公司因為希頓的奇妙設想，而在競爭之中穩住了陣腳，並且一一擊敗了對手，成為玩具業的佼佼者。

希頓的成功就得益於他的反向思維。

市場上到處都是色彩鮮艷、美觀漂亮的玩具，而各個公司還在拼命的設計新型玩具，都是向著更美、更好這個方向發展。

希頓沒有跟隨這股潮流，他把玩具設計得既醜陋、色彩又暗淡，反而受到了孩子的歡迎。這種做法雖然冒了很大的風險，但由於是出於清醒判斷的選擇，反而闖出了一條自己的路。

反其道而行之的做法，是一種獨特做人方法的體現，它既是一種創新，又是一種對常規的破壞。

小結語

新的思路往往能在常規事物之外找到突破點；當然這也需要人的清醒判斷和某種可遇而不可求的機遇。

◎遇事多試試迂迴戰術

這家農莊有一隻雞和一條狗。這天狗和雞突然看到鐵絲網的另一邊有一盆飼料。雞一看到飼料，立刻飛奔上前去。但無奈鐵絲網橫隔，無論雞怎麼努力，就是無法拿到那盆飼料。眼看著美食在前面卻吃不到，雞好生苦惱。

這時，狗蹲在旁邊直盯著食物和鐵絲網看，又掃了幾眼周圍的牆，然後有所悟的轉身往後跑，繞過鐵絲網來到另一邊。

結果當然是狗吃到了食物。雞不服氣的拍著鐵絲網大叫：「這是為什麼？」

狗冷冷地看了牠一眼：「只會正面進攻的笨蛋，注定要挨餓。」

在思考問題時，人們總是死抱著正面進攻的方法，一味蠻幹。這樣做雖然很多時候也能成功，但卻要花費你很大的力氣，有時甚至會得不償失。

所以我們就要跳出這個思想框架，採用迂迴戰術，運用意想不到的辦法，常常會輕而易舉地獲得成功。

八〇年代各國汽車廠商開始大舉進攻美國市場，使得美國汽車業受到重創，美國開始出現了關貿保護主義，對外國的汽車廠商持敵對態度。日本實力最雄厚的豐田汽車公司，也想從美國市場上分一杯羹。不過它並沒有像各國廠商那樣長驅直入，而是採取了迂迴戰術。

豐田汽車公司首先提出，將與美國汽車公司合資開工廠的計畫，美國人當然非常高興，他們希望能夠獲得豐田公司的技術。合作進行的非常順利，大批豐田汽車開始在美國市場上出現，美觀的設計、優良的性能，使豐田車在美國大受歡迎。豐田汽車很快就在美國站穩了根基。

看到時機已經成熟，豐田公司便在美國獨資，建立了汽車製造廠，並以此為大本營，一步步拓展其在美國的勢力。美國的汽車公司這才感覺到自己上了當，然而他們覺悟的太晚了，豐田汽車已經成功的打開了美國的市場大門。

豐田公司採用迂迴戰術，麻痹了美國人，淡化了競爭，悄悄化解了美國人的抵制，進而使自己獲得了成功。

有一人想過河，便大聲問道：「哪位船老大會游泳？」話音剛落，便好幾個船老大圍了過來，只有一位站在原地沒有過來。

他走過去問那人：「你水性好嗎？」

「對不起，我不會游泳！」那人回答。

「好，我坐你的船！」

其他船老大不明就裡，紛紛問他為什麼？

「因為那個人不會游泳，他一定會小心划船，想當然會比較安全。」

為解決某一問題孜孜以求、朝思暮想，但按常規方法卻難以完美解決。這時不妨轉換一下思路，從與自己無關的領域中，尋找解決的方法，或者請他人來幫忙出點子，或許很容易就能解決問題。

要懂得迂與直的交叉思維。《孫子兵法》說：「先知迂直之計者勝。」所謂迂直之計，就是要懂得迂與直的交叉思維。這個謀略表面上是迂迴曲折的道路，而實際上卻更有效、更迅速的為獲利創造條件。

秦朝末年，政治腐敗，群雄並起，紛紛反秦。劉邦的部隊首先進入關中，攻進咸陽。勢力強大的項羽進入關中後，逼迫劉邦退出關中。鴻門宴上，劉邦險些喪命。劉邦此次脫險後，只得率部隊退駐漢中。為了麻痹項羽，劉邦退走時，將漢中通往關中的棧道全部燒毀，表示不再返回關中。其實劉邦一天也沒有忘記一定要擊敗項羽，爭奪天下。

過了幾年，已逐步強大起來的劉邦，派大將軍韓信出兵東征。出征之前，韓信派了許多士兵去修復已被燒毀的棧道，擺出要從原路殺回的架勢。關中守軍聞訊，密切注意修復棧道的進展情況，並派主力部隊在這條路線各個關口要塞加緊防範，阻攔漢軍進攻。韓信「明修棧道」的行動，果然奏效。由於吸引了敵軍注意力，把敵軍的主力引誘到了棧道一線，韓信立即派大軍繞道到陳倉發動突然襲擊，一舉打敗章邯，平定三秦，為劉邦統一中原邁出了決定性的一步。

小結語

一般來說，人們的做事方式是講求「搶人之先」、「先發制人」。但是如果沒有深思熟慮的去爭去搶，往往會出現千軍萬馬過「獨木橋」的情況。所以在特定時期，特殊條件下，限於自身的實力，採用迂迴方式，避敵鋒芒、潛心默學、克己之短、取人之長，以期獲得成功，亦不失為一招妙計。

Good Choice 大大的享受拓展視野的好選擇

成就大業的冒險精神－馬雲教戰守則

成長階梯系列 63

在紛亂的外部環境中用自己的腦袋思考問題和判斷問題。
我想給我們這些創業剛剛開始的人一個建議，
公司還很小的時候千萬別去講理論，
別人不一定會認同你的理念，
但是都會按照你做的做。
你這麼做的時候才是理念體現出來了。

佛說：我只不過是一個指導者

生活禪系列 35

在學習中，要強調自強自立的精神，
經過自己的頭腦思索得到的答案，
印象才會深刻，收獲才更大。靠別人幫助的收穫就不完全是你的。
師父領進門，學習在個人。不要相信什麼祕訣，追求什麼捷徑。
踏踏實實地依靠自己的努力去學習，
去領會，才能掌握真正的學問。堅定信念，什麼擔子都不重。

那些不能告訴男人的事：只給女人的幸福答案

人生視野系列 47

想像中的愛情是一種理想，生活中的婚姻是一種現實。
對部分男人來說，向女人訴說甜言蜜語，是一種消遣和有趣的事，甜言蜜語是他們討好女人的手段，但是，他們只是說說而已，並不會真正放在心上。如果一個女人因聽了一個男人的甜言蜜語而癡迷，最終很可能會失望或給自己帶來傷害，甚至誤認為：「男人都是騙子」、「沒有良心」。

TALENT Tool

大大的享受拓展視野的好選擇

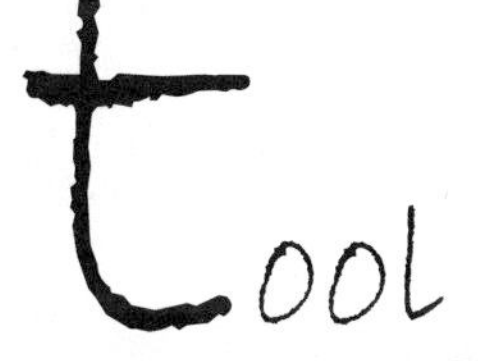

謝謝您購買 貴人不一定是好人 這本書！

即日起，詳細填寫本卡各欄，對折免貼郵票寄回，我們每月將抽出一百名回函讀者寄出精美禮物，並享有生日當月購書優惠！

想知道更多更即時的消息，歡迎加入"永續圖書粉絲團"

您也可以利用以下傳真或是掃描圖檔寄回本公司信箱，謝謝。

傳真電話：（02）8647-3660　　信箱：yungjiuh@ms45.hinet.net

☺ 姓名：　　□男　□女　　□單身　□已婚

☺ 生日：　　□非會員　　□已是會員

☺ E-Mail：　　電話：（　）

☺ 地址：

☺ 學歷：□高中及以下　□專科或大學　□研究所以上　□其他

☺ 職業：□學生　□資訊　□製造　□行銷　□服務　□金融

□傳播　□公教　□軍警　□自由　□家管　□其他

☺ 您購買此書的原因：□書名　□作者　□內容　□封面　□其他

☺ 您購買此書地點：　　金額：

☺ 建議改進：□內容　□封面　□版面設計　□其他

您的建議：